UTOPIA DO INFANTIL EM GEORGES PEREC E A INFÂNCIA NA PSICANÁLISE

Editora Appris Ltda.
1.ª Edição - Copyright© 2024 da autora
Direitos de Edição Reservados à Editora Appris Ltda.

Nenhuma parte desta obra poderá ser utilizada indevidamente, sem estar de acordo com a Lei nº
9.610/98. Se incorreções forem encontradas, serão de exclusiva responsabilidade de seus organi-
zadores. Foi realizado o Depósito Legal na Fundação Biblioteca Nacional, de acordo com as Leis nᵒˢ
10.994, de 14/12/2004, e 12.192, de 14/01/2010.

Catalogação na Fonte
Elaborado por: Josefina A. S. Guedes
Bibliotecária CRB 9/870

A485u
2024
	Amaral, Inajara Erthal
	    Utopia do infantil em Georges Perec e a infância na psicanálise / Inajara
	Erthal Amaral. – 1. ed. – Curitiba: Appris, 2024.
	    178 p. ; 21 cm. – (Multidisciplinaridade em saúde e humanidades).
	
	    Inclui referências.
	    ISBN 978-65-250-6071-2
	
	    1. Psicanálise infantil. 2. Perec, Georges, 1936-1982. 3. Literatura. I. Título.
	II. Série.
	
	                                                                      CDD – 618.928917

Livro de acordo com a normalização técnica da ABNT

Appris
editora

Editora e Livraria Appris Ltda.
Av. Manoel Ribas, 2265 – Mercês
Curitiba/PR – CEP: 80810-002
Tel. (41) 3156 - 4731
www.editoraappris.com.br

Printed in Brazil
Impresso no Brasil

Inajara Erthal

UTOPIA DO INFANTIL EM GEORGES PEREC E A INFÂNCIA NA PSICANÁLISE

FICHA TÉCNICA

EDITORIAL Augusto V. de A. Coelho
Sara C. de Andrade Coelho

COMITÊ EDITORIAL Marli Caetano
Andréa Barbosa Gouveia - UFPR
Edmeire C. Pereira - UFPR
Iraneide da Silva - UFC
Jacques de Lima Ferreira - UP

SUPERVISOR DA PRODUÇÃO Renata Cristina Lopes Miccelli

PRODUÇÃO EDITORIAL Daniela Nazario

REVISÃO Pâmela Isabel Oliveira

DIAGRAMAÇÃO Amélia Lopes

CAPA Carlos Pereira

REVISÃO DE PROVA Jibril Keddeh

COMITÊ CIENTÍFICO DA COLEÇÃO MULTIDISCIPLINARIDADES EM SAÚDE E HUMANIDADES

DIREÇÃO CIENTÍFICA **Dr.ª Márcia Gonçalves (Unitau)**

CONSULTORES Lilian Dias Bernardo (IFRJ)

Taiuani Marquine Raymundo (UFPR)

Tatiana Barcelos Pontes (UNB)

Janaína Doria Líbano Soares (IFRJ)

Rubens Reimao (USP)

Edson Marques (Unioeste)

Maria Cristina Marcucci Ribeiro (Unian-SP)

Maria Helena Zamora (PUC-Rio)

Aidecivaldo Fernandes de Jesus (FEPI)

Zaida Aurora Geraldes (Famerp)

Aos meus filhos, Bernardo e Caetano, por terem trazido a poesia para a minha vida, por me ensinarem tanto.

Tudo

Começa aponta

a lança alcança e inclui Perec

na dança, qual o ritmo, qual o rito?

Método que pensa dizer, mas, mais que isso, faz sentir

movimento, pulsão que circunda corpo que encontra a alma do desejo

que põe a barca na correnteza, não sabe onde chega

segue continente, marca dilaceradamente

enlouquecidamente que até parece

mundo, um fio

liga não

conduz

AGRADECIMENTOS

Agradecer é lembrar. Na memória os registros da importância dos enlaces, sejam de trabalho, de amizade, de coleguismo, de ajuda, de aprendizados de amores e afetos.

Agradecer é um gesto que diz. Diz o quanto é importante todos os dizeres, fazeres, escreveres e vivências no estar juntos.

Agradecer para um fazer e um adiante. Portanto, são muitos os nomes, aqui escrevo alguns e, por meio deles, presentifico todos.

Lembro, agradeço, ao Edson Luiz André de Sousa, com sua escuta precisa, marcando o ponto de partida e, quando traz Perec, acerta o inconsciente. Obrigada pela sensibilidade da escuta, por ter a ética e o cuidado com o sujeito pesquisador na orientação da dissertação e agora, na escrita do prefácio do livro.

Lembro, agradeço à Lúcia Serrano Pereira e à Elida Tessler, pelo acolhimento inicial e apontamentos disparadores.

Lembro, agradeço à Ana Lúcia Mandelle de Marsillac, Sandra Torossian e Maria Cristina Poli, pelos apontamentos durante a produção inicial, no momento da qualificação

Lembro, agradeço à Ana Maria Medeiros da Costa, Ana Lúcia Marsillac e Sandra Torossian, pela leitura atenta durante a defesa da dissertação

Ainda agradeço à Ana Costa por sua escuta e potente transmissão da psicanálise.

Lembro, agradeço à Sílvia Eugênia Molina e Liz Nunes, por transmitirem experiência. À Liz, também um agradecimento muito especial pelo critério ao ler o trabalho e pelo incentivo fundamental.

Lembro, agradeço aos colegas do Laboratório de Pesquisa em Psicanálise, Arte e Política (LAPPAP), por sustentarem lugar de pesquisa e resistência através da arte.

Lembro, agradeço aos colegas da turma 2 do mestrado em Psicanálise: Clínica e Cultura (nosso grupo *Heimlich*), por saberem levar a vida com a alegria de quem luta.

Lembro, agradeço ao Programa de Pós-Graduação em Psicanálise: Clínica e Cultura, por possibilitar espaço criativo na Universidade e à secretaria do PPG, por sua dedicação e atenção durante o tempo do mestrado.

Lembro, agradeço aos colegas da APPOA (Associação Psicanalítica de Porto Alegre) pelas interlocuções sempre frutíferas. Especialmente aos colegas do Núcleo de Psicanálise da infância e adolescência que, durante muitos anos foi, e segue sendo, um espaço de estudo, pesquisa e debate sobre o sujeito e seus tempos.

Lembro, agradeço ao Jeferson Mello Rocha, pela criteriosa revisão inicial deste trabalho. À Appris, especialmente à editora Daniela Nazario, à revisora Pâmela Isabel Oliveira e ao capista por sua revisão e atenção em todos os detalhes desta publicação.

Lembro, agradeço ao Jacques Fux, pela potência de seus textos, importante referência na produção deste trabalho. E, também, pela gentil leitura e escrita do posfácio.

Lembro, agradeço à Ana Clair Fiorenza Munaretto, pela grande amiga que é. Sábia na escuta das coisas do trabalho e da vida. Importante interlocutora deste trabalho.

Lembro, agradeço à Carla Sei, pela amizade e parceria, sempre atenta e sincera nessa travessia que trilhamos juntas durante o tempo do mestrado e resulta na amizade que segue num adiante.

Lembro, agradeço à minha mãe Lair, por sua presença doce.

Lembro, agradeço ao meu pai Ignacio, por me apresentar a literatura. Aos meus irmãos Araquém e Ubiratan, por confiarem e acreditarem.

Lembro, agradeço à Loremi Proença da Silva, por ser carinhosamente meu braço esquerdo e direito no fazer cotidiano.

Agradeço ao meu amor, Cléverton, por estar ao lado, por me ajudar a ver.

Ao Perec, por sua obra, pela potência que segue produzindo nos leitores.

LEMBRAR

A invenção nos possibilita fazer
caminho com as lembranças.

Ao lembrar fazemos escolhas.

Usamos nossos olhos para ver. O nosso campo de visão revela-nos um espaço limitado: algo vagamente redondo, que para muito rapidamente à esquerda e à direita e não desce nem sobe muito alto. Se fecharmos um olho, podemos ver a ponta do nariz. Se levantarmos os olhos veremos que existe um acima; se os baixarmos, veremos que existe um abaixo. Se virarmos a cabeça em uma direção e depois em outra, nem sequer veremos completamente tudo o que está ao nosso redor. Você tem que virar o corpo para ver exatamente o que está atrás

Nosso olhar viaja pelo espaço e nos dá a ilusão de alívio e distância. É assim que construímos o espaço: com um acima e um abaixo, esquerda e direita, frente e atrás, perto e longe.

Quando nada nos atrapalha, nosso olhar vai muito longe. Mas se você não esbarra em alguma coisa, você não vê nada. Só vê o que encontra: o espaço é o que detém o olhar, aquilo com que a visão se choca: o obstáculo: tijolos, um ângulo, um ponto de fuga: quando ocorre um ângulo, quando algo para, quando há que virar para recomeçar, isso é espaço. Ele vai em todas as direções, faz tudo o que precisa ser feito para que os trilhos da ferrovia se encontrem bem antes do infinito.

(Georges Perec)

APRESENTAÇÃO

*Só vagamente tomava conhecimento da espécie de ausência que tinha de si em
si mesma. Se fosse criatura que se exprimisse, diria: o mundo é fora de mim,
eu sou fora de mim. (Vai ser difícil escrever esta história. Apesar de eu não
ter nada a ver com a moça, terei que me escrever todo através dela por entre
espantos meus. Os fatos são sonoros, mas entre os fatos há um sussurro. É o
sussurro que me impressiona).*

(Clarice Lispector – A hora da Estrela)

Eu me lembro:

Eu me lembro quando foi a primeira vez que ouvi falar de
Perec, foi também quando tive contato com a história do primeiro
livro dele que li: *W ou a memória da infância* (1975).

Os comentários sobre o livro me pareceram muito incríveis, a
curiosidade com a leitura não foi maior que a vacilação. Vários anos
passaram até eu tomar a atitude de ler o livro e, assim, avançar e me
deixar envolver com a obra de Perec.

Posso dizer que a pesquisa que resultou neste escrito nasceu
de uma "coincidência", digamos assim, pois, como psicanalista, sei
que as coincidências podem dizer de nossa movimentação frente ao
desejo inconsciente. Pois bem, gostaria de comentar que a história
anterior que resultou, de certa maneira, neste trabalho, é da minha
relação com o livro *W ou a memória da infância*, que conheci mais ou
menos em torno de 1995. A "coincidência" a que me referi o leitor
poderá deduzir ao ler o livro.

Dessa história que comentei até aqui, surgiram os escritos
à margem do trabalho, mas que estão presentes neste livro numa
condição de ausência, ao largo, como que cortando o texto. Ou, conforme comentário de Édson Sousa ao escrever o prefácio, escritos
soltos que "geram uma espécie de segunda voz no livro, uma voz de
fundo como um sussurro dos bastidores do trabalho", o que gera
um movimento ausência/presença. Movimento que faz a criança e

me possibilita perguntar: o que é um lugar? Como se faz presença? As crianças brincam com o dentro e o fora, extremos que presentificam um entre a excitação e os restos, insistem nos interstícios das brincadeiras, instante fora do tempo, ancorado na evanescência dos traços de prazer.

Quero, nesta apresentação, comentar com o leitor o método que escolhi para fazer constar no livro, resultado de uma pesquisa acadêmica, escritos que intitulei "Textos soltos", posso dizer, à deriva. O que faz lembrar do texto de Freud, *As pulsões e seus destinos* (Freud, 1856/1939), na tradução de Pedro Heliodoro Tavares (2013), que usa o termo *deriva* para traduzir pulsão para o português, a partir do francês *dériver* (derivar de algum lugar), *dériver* que remonta ao latim *derivare*, de *rivus* (pequeno curso d'água). Daí, *deriva* pode ser tanto pela fluência quanto pela imposição de forças. Fluência como processo, fluir, seguir um fluxo, seja de um rio ou do mar, ou de algum movimento sincronizado. Retomo estas definições porque quando escolho nomear de escritos soltos situo a pulsão, o impulso que faz com que tenha que escrevê-los e estão no livro como navalha, um sussurro que interrompe para dar outra fluidez, para dar corpo às águas que surgem como letra que escreve fazendo do fluxo um texto.

O presente livro é resultado de pesquisa de mestrado que buscou elaborar questões trazidas pela clínica com relação ao infantil como um operador que põe falar e que faz da infância um tempo constituído num a posteriori da narrativa adulta. A obra de Perec, principalmente no seu livro *W ou a memória da infância* (1975), possibilitou deslocamentos da teoria psicanalítica, potencializando a relação da psicanálise com a literatura e introduzindo invenção num escrito acadêmico. Assim, acaba incluindo o sujeito pesquisador no texto.

A radicalidade da singularidade presente na experiência clínica ultrapassa qualquer tentativa de enquadre teórico, mesmo que, certamente, a elaboração teórica permita a construção de mecanismos para pensá-la, não é desde eles que o analista dá testemunho de seu trabalho clínico ao escutar cada vírgula pronunciada pelo paciente. A clínica exige, de quem se ocupa dela, um certo movimento pendular que vai, do que pôde construir teoricamente, ao desejo, no momento mesmo de seu ato, que produz um certo apagamento da teoria para deixar falar, ao invés dela, o sujeito que é escutado.

As formações do inconsciente não têm tradução a partir de um código pré-estabelecido pelos psicanalistas, são enigmas, não contemplam sentidos, por isso não se trata de compreendê-los, mesmo que algum entendimento possa surgir como resto desse processo transferencial em que o analista convida o sujeito em análise a participar do exercício da escuta que faz recair o acento sobre a impossibilidade de o discurso dizer-se a si mesmo. Essa impossibilidade carrega consigo toda potência criativa da palavra.

O método escolhido para trazer a clínica foi na relação com a literatura, no caso, os escritos de Georges Perec, e nessa relação com a literatura pensar a infância como deslocamento para questionar se o infantil funcionaria como operador, e também como as vivências de infância ganham estatuto de experiência.

Na obra de Perec encontro a navalha cortante que deixa à mostra o que é meu, mas também do outro. Portanto, o trabalho de pesquisa em psicanálise antecipa uma postura que envolve uma renúncia à posição de saber e um deslocamento de ênfase, ou de poder, do autor para o objeto da reflexão – no meu caso, a obra de Perec e os conceitos psicanalíticos –, ativando, assim, o que nos liga ao outro, àquilo que é capaz de fazer parte de um "corpo comum". Estamos sempre em transferência, a transferência é um conceito da psicanálise que atualiza o inconsciente no sentido de que, ao tomar o texto numa determinada temporalidade, é possível recortá-lo, situar a sua singularidade e ligá-lo à cultura. Esse é o meu processo com a pesquisa que apresento neste livro, a partir da escrita de Georges Perec.

Neste trabalho, trago mais do que pontos sobre a vida de Perec, procuro discutir o estilo de sua escrita, suas escolhas literárias, para vislumbrar fagulhas utópicas em sua obra. Assim, no percurso pela obra, mesmo que alguma interpretação se faça presente, o objetivo ao abordar alguns pontos é coloca-los entre a escuta e a interpretação. Portanto, não pretendo ler o que está por trás da obra e muito menos fazer da interpretação do autor um princípio, e sim tomar a obra de Perec como mediação, o que possibilita uma conexão entre a infância, o infantil, a utopia e a psicanálise.

O resultado de fazer aparecer o corte que confere à palavra o seu poder criador – corte que Lacan tão bem indicou ao ressaltar a barra que separa significante e significado, conferindo àquele a primazia no jogo da produção do sentido – depende radicalmente da posição que se toma junto ao texto quando temos em mãos uma obra e também ao escutarmos um sujeito em análise. É imprescindível a disposição a tomar certo lugar na leitura/escuta e, nesse sentido, desejamos tirar consequências de um trabalho com o texto literário e não sobre o texto literário. Tomá-lo como direção do trabalho é uma exposição de método. Que a leitura produza movimentos compartilháveis.

A autora

PREFÁCIO

Um sonho, uma janela:
Georges Perec e suas utopias

> *O trabalho dos séculos:*
> *depositar camadas de coisas*
> *sobre a terra*
> *e depois fazer delas*
> *de novo terra...*
>
> *Ana Martins Marques[1]*

> *Tudo dorme sobre a terra nesta noite,*
> *uma coisa silenciosa me envolve*
>
> *Dominique Maurizi[2]*

Talvez toda a obra de Georges Perec seja uma *espécie de espaço* onírico no qual não sabemos bem onde nos situar, pois somos, como leitores, convidados a entrar nos sonhos que ele nos oferece. Seus livros irradiam camadas e mais camadas de imagens e palavras que nos capturam na trama de nossas próprias vidas. Somos também os sonhadores junto a ele, pois a trama de suas histórias, de seus personagens, diz do que vivemos, do que poderíamos ter vivido e até do que ainda poderemos vir a viver. Sonhamos com ele e isso faz de sua literatura uma fonte de ar fresco que nos ajuda a respirar melhor em um mundo com tantas janelas fechadas. Comecemos, portanto, por um sonho como um fio condutor do seu pensamento. Perec publicou em 1973 *A boutique obscura*, onde transcreve 124 sonhos: todos numerados, com data e título. Vou me deter no sonho

---

[1] MARQUES, Ana Martins. *De uma a outra ilha*. São Paulo: Editora Fósforo, 2023, p. 24.

[2] MAURIZI, Dominique. *Rituels*. Éditions Faï Fioc, Bourcq, 2022, p. 51 (tradução livre).

número 96, de outubro de 1971, e que tem como título "A janela". A anotação que o autor faz desse sonho é esta:

//

Que texto guarda esses dois travessões como uma ilha perdida no meio da página em branco? Talvez tenhamos aí uma das perguntas mais cruciais de nossa relação a estes obscuros de dentro: como dar forma às imagens que surgem como rasura e apagamento? Como capturar com a palavra as noites silenciosas que nos envolvem? Temos diante dos olhos o desenho da janela como uma brecha à espera de um texto por vir. O sonho como um horizonte que ainda aguardamos tomar forma. É como se o escritor nos mostrasse a linguagem em estado nascente e que surge tênue e efêmera como um vagalume que se perde na escuridão da noite. O traço que fica deste desaparecimento é apenas um vestígio possível do que poderia ter sido. Assim, somos imediatamente confrontados com uma dimensão da linguagem entre a inscrição e o apagamento. Esse é um tema recorrente na escrita de Georges Perec, e sua obra *La disparition*[3] testemunha este pensamento, já que ele se coloca o desafio de escrever um romance em que a letra "e" desaparece do texto. A literatura como um exercício contínuo de registrar, com o vestígio da linguagem, os apagamentos que nos constituem. Aqui podemos lembrar o ensaio de Anne Dufourmantelle, "Inteligência do sonho", que talvez traduza de forma precisa esta anotação do sonho 96 de Perec: "As palavras que dizem o sonho parecem estrangeiras ao sonho, mas elas revelam o sonhador. Contar um sonho, é em certo sentido, sonhar de novo. A narrativa inventa uma outra fórmula onírica..."[4]. Perec evidencia, portanto, que vivemos sempre na borda destes registros que deixam os rastros de seus apagamentos.

---

[3] Foi traduzido em português como *O sumiço*. Na tradução em português, a letra que desaparece é "A".

[4] DUFOURMANTELLE, Anne. *Intelligence du rêve – fantasmes, apparitions, inspiration*. Paris: Éditions Payot & Rivages, 2012, p. 25 (tradução livre).

Este livro de Inajara Erthal é um coletor destes rastros ao nos oferecer uma articulação inédita entre a obra de Georges Perec e um pensamento sobre o infantil como um operador utópico, tese que ela avança logo na abertura do seu livro. O infantil, aqui, pode ser pensado próximo a uma gramática do sonho. Assim, este livro busca encontrar algumas respostas para as perguntas: como escrever um sonho? Como escrever um infantil? Os aportes que vai trazendo ao longo do seu livro, em uma conversa com a teoria psicanalítica, abre muitas vias para enfrentar essas questões. No posfácio do livro *A boutique obscura*, Roger Bastide avança uma aproximação entre Perec e o pensamento utópico ao evocar o lugar político do sonhador, aproximando Perec dos utopistas Charles Fourier e Étienne Cabet[5]. Inajara dá ainda um passo a mais, ao propor o infantil como utopia. Como ela escreve, "o infantil remete ao passado mas como horizonte". A ideia de utopia e infantil se encontram justamente na imagem de um "ainda não", que Ernst Bloch tanto insistiu em seus ensaios sobre as utopias, sobretudo em sua obra O *Princípio Esperança*. Inajara está atenta a este lugar político da infância, já que vê ali um lugar de invenção de *novas terras,* um lugar de abertura ao inédito e como tão bem define em uma frase que considero um dos faróis de seu livro ao propor: "O infantil permanece como potência, é utopia, justamente neste movimento do inacabado, do em decisão, do inconcluso, da disponibilidade ao enigma do porvir". Fica muito claro, neste ponto, a dimensão política em jogo, pois se trata de uma posição de repensar os lugares de poder. Como ela escreve: "Aposto e tentarei discorrer sobre uma potência do infantil que não se deixa classificar, que resiste às nomeações e flexibiliza os lugares, por isso política".

Georges Perec é autor de uma obra imensa, mesmo tendo falecido precocemente aos 46 anos de idade, deixando anotados vários projetos de livros. Ficou órfão aos 6 anos de idade, tendo perdido o pai na II Guerra Mundial e a mãe assassinada em Auschwitz. Inajara percorre alguns desses livros atenta às articulações entre Utopia e

---

[5] PEREC, Georges. *La boutique obscure.* Paris: Gallimard, 1973.

Infantil, mas se debruça sobretudo sobre um deles, *W ou a memória da infância*. As circunstâncias de como encontrou esse livro e os registros de história que se conectaram com algumas experiências de sua vida são detalhes preciosos para entendermos também a pulsão afetiva presente neste ensaio. Encontramos no seu livro algumas pistas desse enredo. Toda leitura acontece desde um lugar muito singular. Em *"W"*, Perec discorre com muita clareza sobre o que ele entende por infância ao escrever que "a infância não é nostalgia, nem terror, nem paraíso perdido, nem Tosão de ouro, mas talvez horizonte, ponto de partida, coordenadas a partir das quais os eixos de minha vida poderão encontrar seu sentido".[6]

Todo escrito nasce de uma inquietude e de uma necessidade de fazer traço em mapas nebulosos, na esperança de encontrar algum ponto de orientação, mesmo que esta implique no encontro de uma lógica da deriva. Não seria exatamente esse o desafio da literatura, abrir espaços possíveis de deriva? Perec transformou suas dores em texto, como ele diz em uma entrevista a Anne Redon publicada na revista *Coopérateur de France* em dezembro de 1969: "Eu utilizo meu mal-estar (*malaise*) para inquietar meus leitores"[7].

Temos nas mãos um livro que nos permite partir para essas terras da utopia e do infantil: duas ilhas abrindo novos caminhos e brechas em nossas navegações e injetando nas margens do texto um pensamento poético. Ilhas que expandem as gramáticas de vida abrindo espaços para novos significantes. Assim, "o pensamento poético se coloca em cena como resistência, no interstício entre o nomeado e o inominável do acontecimento".[8]

Nesse interstício se revela uma importante dimensão de *unheimlich* na obra de Perec e que Inajara soube de forma muito precisa nos apresentar. Os livros de Perec desvelam de forma abrupta o *estranho familiar* que nos habita e que encontramos pulsante no

---

[6] PEREC, Georges. *W ou a memória da infancia*. São Paulo: Companhia das Letras, 1995, p. 20.

[7] PEREC, Georges. *Entretiens et Conférences,volume I (1965- 1978)*. Paris: Editions Joseph K., 2003, p. 106 (tradução livre).

[8] CLANCY, Geneviève; TANCELIN, Philippe. La pensé poétique comme utopie. *In:* JIMENEZ, Marc. *Imaginaire et Utopies du XXIe siècle*. Paris: Editions Klincksieck, 2003, p. 192.

mundo dos sonhos. Ele mesmo nos revela essa interface em seu trabalho em uma entrevista a Patricia Delbourg em novembro de 1978: "Eu sou um mercador de imagens verbais, de sonhos, e serei sempre um marginal, um ser diferente em relação aos tipos de produções burocráticas. Ao mesmo tempo, para as pessoas do meu bairro, serei sempre o senhor curioso, na rua às três horas da tarde"[9].

Certamente, a leitura deste livro poderá abrir em cada leitor a lembrança de um infantil/utopia ainda encapsulado como *"uma coisa silenciosa"*, à espera de uma voz. Como Inajara anota nas primeiras páginas do seu livro, evocando Freud: "as lembranças relativas à infância talvez sejam tudo que possuímos".

Edson Luiz André de Sousa

Psicanalista, analista membro da Associação Psicanalítica de Porto Alegre (APPOA). Foi professor titular do Instituto de Psicologia da UFRGS. Possui doutorado e pós-doutorado pela Universidade de Paris VII. É autor de vários artigos e livros entre outros: Uma invenção da Utopia (Lumme Editora, 2007), Sigmund Freud: ciência, arte e política, em coautoria com Paulo Endo (L&PM, 2009), Imaginar o Amanhã, em coautoria com Abrão Slavutzky (Diadorim, 2021), Furos no futuro: psicanálise e utopia (Artes & Ecos, 2022).

---

[9] PEREC, *loc. cit.*, p. 254 (tradução livre).

REFERÊNCIAS

CLANCY, Geneviève; TANCELIN, Philippe. *La pensé poétique comme utopie. In:* JIMENEZ, Marc. *Imaginaire et Utopies du XXIe siècle.* Paris: Editions Klincksieck, 2003, p. 192.

DUFOURMANTELLE, Anne. *Intelligence du rêve – fantasmes, apparitions, inspiration.* Paris: Éditions Payot & Rivages, 2012.

MARQUES, Ana Martins. *De uma a outra ilha.* São Paulo: Editora Fósforo, 2023.

MAURIZI, Dominique. *Rituels.* Éditions Faï Fioc, Bourcq, 2022.

PEREC, Georges. *La boutique obscure.* Paris: Gallimard, 1973.

PEREC, Georges. *W ou a memória da infancia.* São Paulo: Companhia das Letras, 1995, p. 20.

PEREC, Georges. *Entretiens et Conférences, volume I (1965- 1978).* Paris: Editions Joseph K., 2003.

SUMÁRIO

PARTE I
PROLEGÔMENO: ENTRE A NOVIDADE E O CHOQUE

1
INTRODUÇÃO 29
1.1 O infantil 33
1.2 Criança, infância, infantil 40
1.3 O que é uma criança? 41

2
INCONSCIENTE E NARRATIVA 46
2.1 Autobiografia: um ruído de fundo 59
2.1.1 Primeira pista 60
2.1.2 A poética do inacabável e o silêncio compartilhado 79
2.1.3 Propagação: infantil e utopia 90

PARTE II
PONTOS DE CONTATO

3
FANTASIAR: CRIAÇÃO E UTOPIA 107

4
UTOPIA DO INFANTIL 125
4.1 Infantil e existência: há infância sem mãe? 131

PARTE III
POR UM ADIANTE: CONCLUIR

5
MEMÓRIA E REPETIÇÃO 149

6
CONSIDERAÇÕES FINAIS 160

POSFÁCIO 169

REFERÊNCIAS 170

PARTE I

PROLEGÔMENO:
ENTRE A NOVIDADE E O CHOQUE

ESPACIO

ESPACIO LIBRE

ESPACIO CERRADO

ESPACIO PESCRITO

FALTA DE ESPACIO

ESPACIO CONTADO

ESPACIO VERDE

ESPACIO VITAL

ESPACIO CRÍTICO

POSICIÓN EN EL ESPACIO

ESPACIO DESCUBIERTO

ESCUBRIMIENTO DEL ESPACIO

ESPACIO OBLICUO

ESPACIO VIRGEN

ESPACIO EUCLIDIANO

ESPACIO AÉREO

ESPACIO GRIS

ESPACIO TORCIDO

ESPACIO DEL SUEÑO

BARRA DE ESPACIO

PASEOS POR EL ESPACIO

GEOMETRIA DEL ESPACIO

MIRADA QUE EXPLORA EL ESPACIO

ESPACIO TIEMPO

ESPACIO MEDIDO

LA CONQUISTA DEL ESPACIO

ESPACIO MUERTO

ESPACIO DE UM INSTANTE

ESPACIO CELESTE

ESPACIO IMAGINARIO

ESPACIO NOCIVO

ESPACIO BLANCO

ESPCIO INTERIOR

EL PEATÓN DEL ESPACIO

ESPACIO QUEBRADO

ESPACIO ORDENADO

ESPACIO VIVIDO

ESPACIO BLANDO

ESPACIO DISPONIBLE

ESPACIO RECORRIDO

ESPACIO PLANO

ESPACIO TIPO

ESPACIO EN TORNO

TORRE DEL ESPACIO

A ORILLAS DEL ESPACIO

ESPACIO DE UMA MAÑANA

MIRADA PERDIDA EN EL ESPACIO

LOS GRANDES ESPACIO

LA EVOLUCION DE LOS ESPACIO

ESPACIO SONORO

ESPACIO LITERARIO

LA ODISEA DEL ESPACIO

(Perec, 1974/2001, p. 20)

POA

Falando sobre Perec e suas obras "Tentativa de esgotamento de um lugar parisiense" e "L'infraordinaire"

Como um lugar desaparece?

É disso que fala Perec – nomear para salvar do esquecimento

Como nos damos conta da nossa vida diária? Nossa vida ordinária? Da nossa rotina? Como interrogar o cotidiano? Como descrevê-lo?

Penso em POA – lugar de luzes, um mar de luzes brilhando nos olhos da criança que via refletido no rio a pergunta: aqui é diferente de lá? Qual a diferença que encanta? Como se vive aqui? As luzes tão lindas, tão vivas!!

POA está na vertigem do olhar que faz sentir-se tão pequena a criança. Será que alcança?

Um encantamento misturando a calmaria do rio, com o frenesi do asfalto. O calor do concreto, com a delícia da brisa ao pôr do sol. Porto Alegre é a vontade de outro lugar, um se perder pra poder encontrar. Um estar só pra ser com outros.

INTRODUÇÃO

Sendo nossa vida tão pouco cronológica...

(Marcel Proust – O tempo redescoberto)

Para encontrar suporte na travessia, um ponto de partida pode ser a motivação à escrita, qual seja, pesquisar sobre o infantil e sua relação com a utopia a partir da literatura e da psicanálise. E o desafio, uma *contrainte* para a construção do método de escrita: trabalhar essa relação a partir da obra de Georges Perec.

Inicio perguntando sobre origem e começo. Pergunta que não pretende um entendimento cronológico e problematiza a pertinência da questão. A origem estaria na infância? O começo estaria na criança? Ao pensar o infantil como um operador utópico, estou me referindo a um tempo que não se situa cronologicamente. Para a psicanálise, o infantil remete ao passado, mas como horizonte. Subvertendo a noção de uma cronologia para pensar o tempo do inconsciente. Mesmo não sendo o objeto de discussão deste trabalho as especificidades da clínica com crianças, cabe dizer que a psicanálise, na clínica com as crianças, não produziu um mero acréscimo ao campo psicanalítico, e sim reestruturou o campo, introduzindo novas questões. Freud, mesmo não trabalhando com crianças, já apontava para a importância da escuta de crianças para a psicanálise. Solicitava aos seus alunos e aos seus amigos que fizessem e lhe enviassem observações acerca da vida das crianças. É assim que o pequeno Hans, caso fundador da psicanálise de crianças, chega até ele, num primeiro momento por meio de relatos feitos pelo pai de Hans. Assim, Freud afirma:

> Seguramente deve existir a possibilidade de observar em crianças, em primeira mão e em todo o frescor

da vida, os impulsos e desejos sexuais que tão laboriosamente desenterramos nos adultos dentre seus próprios escombros — especialmente se também é crença nossa que eles constituem a propriedade comum de todos os homens, uma parte da constituição humana, apenas exagerada ou distorcida no caso dos neuróticos. Tendo em vista essa finalidade, venho por muitos anos encorajando meus alunos e meus amigos a reunir observações da vida sexual das crianças — cuja existência, via de regra, tem sido argutamente desprezada ou deliberadamente negada (Freud, 1909/1977, p. 16).

A importância desse fato histórico das primeiras aproximações da psicanálise à infância mostra o intuito de Freud de corroborar tais observações, quais sejam, as elaborações teóricas sobre a constituição psíquica até então estabelecida a partir das recordações de pacientes adultos. Assim, introduz-se uma questão fundamental para pensar os tempos do sujeito psíquico. No momento em que a psicanálise passou a analisar crianças, estas fizeram com a psicanálise a mesma coisa que fazem com sua casa: bagunçam, fazem rever conceitos.

É importante dizer com que noção de tempo vou trabalhar: o tempo do inconsciente, a partir das noções de inconsciente em Freud e Lacan; também a leitura de Giorgio Agamben de um tempo não linear, para pensar o lugar de discurso do sujeito na história, aproximando-nos da lógica psicanalítica. É também a partir dessa ideia de tempo não linear que poderemos tomar a obra de Georges Perec.

A discussão que Agamben faz no seu livro *Infância e história: destruição da experiência e origem da história* (1979) nos possibilita perguntar qual a função da infância e qual o lugar político da infância.

O título do livro poderia fazer pensar em um estudo sobre a história da infância. Ao contrário, Agamben coloca em discussão a possibilidade, ou não, de o sujeito moderno ter sido expropriado de sua experiência e privado de sua biografia.

Walter Benjamin, em 1933, já havia diagnosticado que nos tempos modernos vivemos uma "pobreza da experiência". Indicava suas causas na catástrofe da guerra mundial, de cujo *front* as pessoas voltavam emudecidas e pobres de experiências partilháveis. Agamben acrescenta que hoje não é preciso uma catástrofe para a destruição da experiência, pois a pacífica existência cotidiana em uma grande cidade é perfeitamente suficiente. O homem moderno tem dificuldade de que seu fazer diário se torne experiência. "É esta incapacidade de traduzir-se em experiência que torna hoje insuportável — como em momento algum no passado — a existência cotidiana, e não uma pretensa má qualidade ou insignificância da vida contemporânea confrontada com o passado [...]" (Agamben, 1979/2005, p. 22).

Não irei, neste trabalho, aprofundar a discussão que Agamben propõe, mas pretendo assinalar que na leitura de seu livro encontrei confluências com a ideia de infantil e sua condição utópica, num enlace com a obra de Georges Perec. É possível, assim, estabelecer uma conexão entre apontamentos de Giorgio Agamben, quando fala do silêncio provocado pela catástrofe da guerra e da privação da biografia, e a discussão que a psicanálise faz sobre perda e luto. E encontro na obra de Perec terreno de onde colher frutos que permitirão problematizar o lugar da infância e da memória na relação com a experiência e a linguagem.

A escrita de Georges Perec ocupa um lugar de mediação, possibilitando-me pensar as questões sobre o infantil numa relação com sua obra, principalmente os livros *W ou a memória da infância* (1975) e *Je suis né* (1990), esta uma coletânea de textos autobiográficos escritos de 1959 até 1981. Também comentarei trabalhos que me ajudam pensar de maneira mais ampla sua obra, como *A vida modo de usar* (1978), *O sumiço* (1969), *Espèces d'espaces* (1974) e As coisas: *uma história dos anos sessenta* (1965).

Essas obras propõem a memória como um processo, um fluxo da consciência que passa pela linguagem e, por isso, além do vivido e de toda realidade psíquica. Elas nos possibilitam pensar que a infância tomada como tempo da constituição subjetiva, existindo num sujeito supostamente pré-linguístico, é mítica. Portanto, segundo Agamben, é numa infância do sujeito, uma *in-fância*[10] como fato humano, que

---

[10] Segundo o autor, esta "in-fância" situa-se exatamente na fratura que marca irremediavelmente a linguagem humana, a diferença entre língua e discurso.

encontramos o lugar da experiência. É do lugar que Agamben dá à infância que vou fazer minhas considerações neste trabalho, num diálogo com a psicanálise e a obra de Perec. Em *Infância e história*, Agamben diz que a experiência, a infância que está em questão não é simplesmente algo que precede cronologicamente a linguagem e que,

> [...] a uma certa altura, cessa de existir para versar-se na palavra, não é um paraíso que, em um determinado momento, abandonamos para sempre a fim de falar, mas coexiste originalmente com a linguagem, constitui-se aliás ela mesma na expropriação que a linguagem dela efetua, produzindo a cada vez o homem como sujeito (Agamben, 1979/2005, p. 59).

Aproximando-nos da psicanálise, que com Freud prioriza a experiência do inconsciente e com Lacan aponta para a primazia da linguagem no psíquico, não existe realidade psíquica que não seja de linguagem — o próprio ser é ele mesmo linguagem. "A infância é a simples diferença entre humano e linguístico" (Agamben, 1979/2005, p. 62).

Portanto, pesquisar a infância segue a linha dos deslocamentos em busca do sujeito. É nos deslocamentos que vamos encontrar o infantil como um traço utópico que opera a constituição psíquica. Não se fixando, segue num fluxo que é o da língua na relação com o discurso, produzindo uma descontinuidade que pode resultar na experiência. Georges Perec, em sua obra, mostra a insuficiência da palavra no efeito produzido pelo excesso, fazendo aparecer o silêncio, o limite do escrito e da fala no paradoxo de sua literatura: sua tentativa de controlar o acaso através das regras, mesmo sabendo que toda criação humana é falha. Como afirma Jacques Fux (2016, p. 131), "Assim como o projeto de Bartlebooth,[11] o projeto de Perec

---

[11] Percy Bartlebooth é um dos três personagens principais do livro de Perec, *A vida modo de usar*. Personagem excêntrico e rico que pintava aquarela, "Durante dez anos percorria o mundo, pintando marinhas do mesmo tamanho, as quais representariam portos marítimos. Ao terminar cada uma seria enviada a um artista especializado (Gaspard Winckler), que a colaria sobre finíssima placa de madeira e a recortaria num *puzzle* de setecentas e cinquenta peças" (Perec 1978/2009, p. 152).

é, cabalisticamente falando, falho".[12] Vale retomar o trecho de Perec que evidencia esse aspecto e também outro, que é a repetição de elementos entre as obras. Nesse caso, a repetição da letra "w", presente também no livro *W ou a memória da infância*.

> É o dia 23 de junho de 1975, e vão dar oito horas da noite. Sentado diante do *puzzle*, Bartlebooth acaba de morrer. Sobre a toalha da mesa, nalgum lugar do céu crepuscular do quadringentésimo trigésimo nono *puzzle*, o vazio negro da única peça ainda não encaixada desenha a silhueta quase perfeita de um x. Mas a peça que o morto segura entre os dedos, já de há muito prevista em sua própria ironia, tem a forma de um W (Perec, 1975/1995, p. 594).

Pesquisar sobre o infantil e sua relação com a utopia me fez olhar para o lugar da repetição. Mais como produtor do novo do que o mapeando. Num primeiro momento, o infantil estava muito associado ao tempo da infância. Tomo as questões da infância, importantes para pensar o infantil, mas não para fixá-lo aí. A infância adquire o sentido de um curso, um processo, e o infantil, seu fio, tecido desde o ponto de origem, mas sem ponto de fim.

1.1 O infantil

> Com efeito, pode-se questionar se temos mesmo alguma lembrança proveniente de nossa infância: as lembranças relativas à infância talvez seja tudo que possuímos. Nossas lembranças infantis nos mostram nossos primeiros anos não como eles foram, mas tal como apareceram nos períodos posteriores em que as lembranças foram despertadas. Nesses períodos de despertar, as lembranças infantis não emergiram, como as pessoas costumam dizer; elas foram forma-

---

[12] Um exemplo de projeto falho do autor é *53 jours* (1989), edição realizada pelos escritores oulipianos Jacques Roubaud e Harry Mathews. Perec não conseguiu – voluntária ou involuntariamente – terminá-lo, e com sua morte ficou inacabado, deixando somente os manuscritos. Através dos manuscritos, fica-se com a pergunta sobre uma voluntariedade de inacabamento, segundo Pino (2004). Mais uma vez Perec joga com as certezas.

das nessa época. E inúmeros motivos sem qualquer preocupação com a precisão histórica, participaram de sua formação, assim como da seleção das próprias lembranças (Freud, 1899/1970e, p. 394).

O trabalho com crianças e, principalmente, a maternidade jogam-me constantemente num labirinto de dúvidas e questões. Porém, ao me ocupar deste escrito, desde o começo (a ideia em suspenso e as emoções cotidianas), vou me dando conta de que existe um enlace do trabalho com a produção de ideias, e parece estar além de meu esforço dominá-las. Uma enxurrada de situações fazem surgir múltiplas sensações. A mais tocante é o quanto as ideias não andam sós. Refiro-me às questões que faço desde a época em que me formei e que vão se associando, todo o tempo, com o que escuto e leio, numa insistência, colocando no fluxo do tempo deslocamentos instigantes. Êxtase e angústia. Angústia de perceber que, ao me propor ao escrito, estou me deparando com minha experiência numa radicalidade absurda, escapando às minhas tentativas de estabelecer um começo. Portanto, deixo-me guiar pelo passado que está num adiante, assim vou fazendo margem, construindo os litorais de uma escrita que está no corpo e fala de uma narrativa iniciada bem antes de minha pretensão com este trabalho.

Existem poucos acontecimentos que não deixem ao menos um traço escrito. Quase tudo, em um momento ou outro, passa por uma folha de papel, uma página de caderno, uma folha de agenda ou não importa em que suporte improvisado (um bilhete do metrô, a borda de um jornal, um maço de cigarros, o dorso de um envelope etc.) sobre o qual vem se inscrever, em uma velocidade variável e segundo técnicas diferentes de acordo com o lugar, a hora ou o humor, um ou outro dos diversos elementos que compõem o ordinário da vida, no que me diz respeito (mas sem dúvida sou um exemplo muito bem escolhido, já que uma de minhas atividades principais é precisamente escrever), de um endereço tomado em pleno voo, de um encontro anotado às pressas, no canhoto de um cheque, num envelope ou pacote, à redação laboriosa de uma carta administrativa, o preenchimento fastidioso de um formulário [...][13] (Perec, 1974/2000, p. 24, tradução nossa).

O infantil é o que emerge, insiste e nos põe a trabalhar. Deixar-se guiar pelo que insiste e assume uma pulsionalidade. Esse mesmo efeito faz com que a própria pesquisa vá na linha do curso do inconsciente, pois, sendo em psicanálise, precisamos contar com as correntes que seguem seu curso e acabam formando um rio. Rio aqui indica um caminho formado por águas de vários lugares. Água que aumenta o volume. Lembranças, visões, audições, associações que pretendem não ser assunto privado, mas querem formar figuras de uma história, de uma geografia, e as geografias podem ser incessantemente reinventadas, como um processo que arrasta as palavras de um extremo a outro do universo. Mas o universo aqui precisa ser delimitado. Apresento minhas ideias como uma viagem por um trajeto interior que possibilite desenhar uma paisagem exterior compartilhável.

Portanto, quase uma narrativa. Está ligada à lembrança e ao esquecimento, porque narrar não é um contar, e sim produz a abertura que Freud e a herança de Proust nos propõem sobre uma concepção de sujeito que não o restringe à afirmação da consciência de si, mas o abre às dimensões involuntárias, diria Proust, inconscientes, diria Freud, da vida psíquica e em particular da vida da lembrança, inseparavelmente da vida do esquecimento. Essa abertura que os autores sugerem, atrelada ao narrar, na hipótese de Jeanne Marie Gagnebin,

> [...] consiste igualmente numa ampliação da dimensão social do sujeito que, renunciando à clausura tranquilizante, mas também à sufocação da particularidade individual, é atravessado pelas ondas de desejos, de

---

[13] *Il y a peu d'événements qui ne laissent au moins une trace écrite. Presque tout, à un moment ou à un autre, passe par une feuille de papier, une page de carnet, un feuille d'agenda ou n'importe quell autre support de fortune (un ticket de métro, une marge de journal, un paquet de cigarette, le dos d'une envelope, etc.) sur lequel vient s'inscrire, à une vitesse variable et selon destchniques différentes selon le lieu, l'heure ou l'humeur, l'un oul l'autre des divers éléments qui composent l'ordinaire de la vie cela va, en ce qui me concerne (mais sans doute suis-je un exemple trop bien choisis, puisque l'une de mes activités principals est précisément d'écrie) d'une adresse prise au vol, d'un rendez – vous note à la hâte, du libellé d'un cheque, d'une envelope ou d'um paquet, à la redaction laboriense d'une lettre administrative, du remplissage fastidieux d'un formulaire [...].*

> revoltas, de desesperos coletivos. Esta ampliação, ao mesmo tempo política e filosófica — essencial para uma reflexão que tente pensar a nossa história, isto é, como contamos a nossa história e como agimos nela (Gagnebin, 1999, p. 74).

Segundo Gagnebin, trata-se de uma reflexão que deveria conseguir evitar tanto as armadilhas de um individualismo triunfante quanto as ilusões de uma consciência soberana que pretende obedecer somente às regras da competência linguística.

Ao pensar o infantil, quero salientar uma diferença em relação ao tempo, que também é uma diferença em relação ao destino do sujeito narrativo. Quando uma pessoa conta a sua infância, ela pode fazer um relato de época. Mas o que interessa não são tanto as anotações imediatamente autobiográficas de lembranças ou de acontecimentos da infância de alguém, do seu tempo de criança, do tempo de escola, e sim a transformação poética e literária de lembranças de infância. Portanto, a arte e o brincar, como Freud bem percebeu, estão incluídos aí, e se ligam ao infantil independentemente da infância. Eis o sentido utópico da pesquisa que proponho sobre utopia e o infantil na obra de Georges Perec. Podemos fazer uma relação dos jogos literários na obra de Perec e a infância, com suas brincadeiras repletas de significado e demandando interpretações consequentes com os diversos aspectos que as constituem: o psíquico, o linguístico e o poético. E aí fica claro como a especificidade das brincadeiras das crianças permanece, em certa medida, na subjetividade. Sendo assim, quais são os efeitos e os tensionamentos, a partir do campo psicanalítico, para pensar tal questão? Podemos conjecturar que Perec, por exemplo, coloca-se na mesma posição da criança que brinca quando escreve: "Uma vez mais fui como uma criança que brinca de esconde-esconde e não sabe o que mais teme ou deseja: permanecer escondida ou ser descoberta" (Perec, 1975/1995, p. 14).

A infância ocupou a história para dar lugar à criança como alguém que constrói sua existência a partir das brechas, dos furos e vãos de onde surge a potência para sustentar narrativas. O infantil, o traço de luz entre as brechas, produzindo os sulcos por onde escorre história e ficção.

Para a psicanálise, o infantil não se refere a um tempo fixo, determinado pela cronologia, ocupa um "sem lugar", é um tempo lógico que emerge em qualquer momento da vida do sujeito, condição que exige narratividade. Para Walter Benjamin, na narrativa, o leitor é livre para interpretar a história como quiser; assim, o episódio narrado atinge uma amplitude que não existe na informação. A narrativa, diferentemente da informação, que só tem valor no momento em que é nova, não se entrega, conserva suas forças e depois de muito tempo ainda é capaz de se desenvolver. Tal como o inconsciente, que tem outro deslocamento temporal, funcionando como linguagem, em uma descontinuidade, como uma borda que se abre e se fecha, resistindo às certezas. Segundo Benjamin, a narrativa não está interessada em transmitir o "puro em si" da coisa narrada como uma informação ou um relatório, e sim mergulha a coisa na vida do narrador para em seguida retirar dele, imprimindo-se na narrativa a marca do narrador.

Essa ideia se aproxima ao que Freud aponta como sendo o lugar do narrador. No seu texto "O poeta e o fantasiar" (1908), ele coloca o narrador na mesma posição do poeta, ligando a poesia com o fantasiar, constituindo uma ponte com o brincar e, assim, com a infância. Para Freud, o fantasiar é o brincar da vida adulta. A linguagem mantém a afinidade entre a brincadeira infantil e a criação poética. Freud diz: "As relações da fantasia com o tempo são muito significativas. Deve-se dizer: uma fantasia paira entre três tempos, os três momentos temporais de nossa imaginação. [...] Ou seja, passado, presente, futuro se alinham como um cordão percorrido pelo desejo" (Freud, 1908/2015b, p. 58).

Georges Perec inicia o livro *W ou a memória da infância* dizendo não ter memória de infância, o que nos permite interrogar a infância como um tempo a serviço de uma ordem social e de determinações culturais, e o infantil como o que resiste à representação e ao tempo, fazendo limite à celebração que canoniza a infância como ideal, por entendê-la como o mais feliz dos tempos de um sujeito. Eis, assim, uma dimensão política do infantil. O político aqui no sentido que a psicanálise pensa a política na relação "dúvida/verdade". Cada área do saber lida com essa relação. Para a psicanálise, o tempo da busca de saber implica perda, e a perda implica uma temporalidade que vai trabalhar essa relação — perda *versus* temporalidade — que resulta numa verdade do sujeito. Se não construímos uma relação com a perda, não podemos ter dúvida. Assim surgem os discursos que, ao tomar o infantil colado à infância, acabam por estabelecer movimentos absolutos de organização de espaços e tempos que devem ser produtivos e úteis, resultando certa classificação da criança no tempo, na cultura, na natureza. Portanto, o infantil tomado como político refere-se ao fato de a criança estar inserida num determinado contexto, submetida a uma ordem social que vai resultar em dispositivos de engajamento libidinal dos sujeitos, nas estruturas simbólicas que determinam tal ordenamento. Aposto e tentarei discorrer sobre uma potência do infantil que não se deixa classificar, que resiste às nomeações e flexibiliza os lugares, por isso política. Ela ocupa o lugar da navalha que, ao produzir corte, gera a dúvida que pode desestabilizar os olhares e certezas sobre o corpo e o sexo da criança. Essas certezas acabam por construir práticas discursivas sobre o que é a criança, o que é a infância, como ela se desenvolve, quais são suas fases de desenvolvimento, quais são suas características físicas, morais, intelectuais, cognitivas etc.

E quero também falar da infância hoje, tomada a partir de um interesse em relacionar o infantil com a narrativa, a ficção, a memória, o tempo e a utopia, abordando a obra de Georges Perec.

Optei por trabalhar, no transcorrer do escrito, como num quebra-cabeça em que as peças vão se juntando à medida que podemos encontrar o lugar de encaixe. E mesmo que o encaixe não signifique responder às perguntas formuladas no caminho, é necessário estruturar alguma sequência. Ao falar da infância hoje, poderemos problematizar a condição política do infantil, entre o adulto e a criança. É justamente nessa potência de *entre*, nem um e nem noutro, nem fora e nem dentro, nem antes e nem depois, que interessa discorrer sobre o infantil — num potencial de conexão que permite uma questão preliminar sobre as manifestações do inconsciente que são organizadas pela letra, exatamente na passagem do grande Outro enquanto tesouro do significante, marcado pela incompletude do simbólico, ao outro cuja pequena letra tenta dar conta desse furo no Outro. Do literal que faz litoral, lembrando Lacan sobre esta questão, em textos como "Lituraterra" (1971).

Lacan, portanto, ensina que não há Outro do Outro, e sim um Outro que, sendo barrado, corrobora a descoberta freudiana de que o acesso ao desejo supõe a castração: significante de uma falta no Outro. Enfim, a letra cumpre aí uma função dupla — de que um determinado texto dará testemunho, como veremos mais adiante —, função de suporte e causa do desejo, por um lado, e, por outro, função suscetível de produzir uma inscrição, mas que não seria forçosamente da ordem de um escrito. Letra que reluz por sua ausência, justamente por não estar escrita.

Aponto, assim, em minha escrita, uma orientação pela noção lacaniana de um semidizer da verdade para a construção da ficção. E buscarei na escrita de Perec as linhas de alinhavo da pesquisa para tomar o infantil como potência criadora, no sentido de que faz corte e possibilita encontro. Linhas que se encontram para produzir um lugar e imediatamente se desfazem, mas não sem deixar caminho. "O traço enquanto inscrição é então um sulco e não uma marca impressa" (Jerusalinsky, 2011, p. 90). É o vestígio deixado por uma passagem, e não uma ocupação positivada. A partir desse vestígio de traço, uma vivência se transforma em experiência. Poderíamos dizer que a infância é a vivência que produz a experiência do infantil, justamente porque a experiência se constitui no limite da língua, e é da fratura da experiência que resulta a ficção.

O sentido utópico percebido na obra de Perec está nessa relação da ficção com a experiência, produzida em uma relação temporal descontínua. A utopia, ao tomar o tempo no recorte de um ponto de horizonte situado numa anterioridade, faz torção. Não existe sentido único, o vetor se inverte indicando que o porvir se reveste do passado. O tempo só pode ser resgatado, só pode ser apreendido nos seus traços de memória. Resgatar esses traços num instante fugidio de um presente que sempre se esvai a caminho de um futuro. Ali no absurdo lugar de um tempo sem tempo do desejo inconsciente, tempo que se esvai e desemboca nessa "perda de tempo", em que, na escrita, o presente sempre escapa e só ressurge como passado representado. Utopia que inverte o sentido tradicional de uma proposta antecipada, um não lugar na obra de Georges Perec.

Ao examinar parte da obra de Perec, percebo que seus livros vão além de uma denúncia da insuficiência da linguagem. Há neles uma concepção da linguagem e uma teoria escritural embutida na sua ficção, que, podemos dizer, atravessa o campo de várias ideias trabalhadas por Lacan. Isso permite afirmar que há uma direção de via dupla que vai da psicanálise à literatura e no retorno: da literatura à psicanálise. Entrarei mais nesse ponto, mas antes seria necessário esclarecer, ainda neste tópico que trata do infantil, como entendo, a partir da leitura psicanalítica, os lugares da criança, da infância e do infantil.

1.2 Criança, infância, infantil

A infância é uma faca enfiada no pescoço.

(Wajdi Mouawad – Incêndios)

A especialidade das crianças é "chutar o balde" das "teorias" muito adultas, as *adultices* de nossa vida cotidiana, conforme Mafalda. O pretenso caráter adulto para educar demonstra um desconhecimento do infantil.

Segundo Lévy (2008), o infantil não é um conceito autorreferencial. Ele se espreita num limiar de indiscernibilidade entre o *infans* e o tempo de infância propriamente dito, ou seja, entre o tempo à espera da fala e aquele outro após a "edipianização". É o tempo por excelência do "não ainda" totalmente recalcado. Ideia que explode com a manutenção de um operador do desenvolvimento. O tempo do "não ainda", não uma imaturidade, é uma espera no *a posteriori*.

A infância só pode ser percebida nesse *a posteriori*, no seu deslocamento no tempo. Seria aí que se constitui o infantil — nesse futuro antecipado pela infância que se viveu. Ao localizarmos a infância nessa condição "ainda não", numa espera ativa — pois não é num sentido meramente contemplativo, que aceita as coisas como são e estão, e sim no sentido de uma participação —, nos movimentos do "não" a criança vai se colocando num porvir. Uma potência utópica para tomar a infância.

Assim, resgata-se o infantil das garras do evolucionismo maturativo, o que permite elucidar o caráter transitório das típicas produções do "estágio" infantil, "não ainda" recalcado, império metonímico na pequena infância, como certa incredulidade perante as metáforas retóricas. O que indica uma outra "adultice", a acadêmica distinção entre estrutura e desenvolvimento que produziu um império dessas estruturas, que acabavam por localizar um ponto de perfeição em vez de possibilitar transformações na série de um devir temporal. Diferente é a abordagem que começa a ser praticada a partir da clínica com bebês e crianças pequenas e do atendimento das psicoses da infância, atualmente chamando as estruturas de "não decididas". E podemos, a partir daí, estender esse caráter "não ainda" a todas as produções do tempo da infância, assim como Freud estendeu as fronteiras da sexualidade.

1.3 O que é uma criança?

Foi necessária a chegada de Freud para que a psicanálise, por intermédio da dimensão da sexualidade infantil, reconhecesse uma existência própria à criança, atribuindo-lhe sexualidade. E o reconhecimento da sexualidade infantil, e/ou da infância, é questão incisiva porque vai contribuir, por um lado, à diferenciação entre infantil e infância, e, por outro, para especificar para Freud a difícil questão da sedução traumática infantil.

O infantil se distingue da criança. A criança representa para seus pais, como também para ela mesma, uma aposta narcísica, e é no fracasso que ela inventa a "teoria infantil", que vai impedir a identificação entre o infantil e a criança.

A noção de infantil se concebe com o reconhecimento da sexualidade infantil, com a proposta e a posterior reformulação da teoria do trauma da sedução (a diferença entre as lembranças reais e as fantasias inconscientes). De acordo com Alfredo Jerusalinsky (1996, p. 187), "o trauma muda de posição da primeira para a segunda teoria, onde o fundamental na sua elaboração não consiste em tratar dos restos reais, mas do resíduo significante que Freud denomina fantasia inconsciente".

O inconsciente está identificado com o próprio infantil, tendo em vista suas propriedades, sobretudo a atemporalidade — que faz com que a história do sujeito seja construída de modo não cronológico, mas retroativo, pois não há sucessão temporal de passado, presente e futuro. Freud define uma temporalidade retrospectiva fundamentada na capacidade do indivíduo de recriar permanentemente o passado, construindo uma memória não linear, e sim possível de ser reeditada a cada novo evento.

A relação entre inconsciente e infantil é descrita por Freud na seguinte passagem de "Notas sobre um caso de neurose obsessiva", também conhecido como o caso do "Homem dos ratos":

> Observei que aqui ele havia atingido uma das principais características do inconsciente, ou seja, a relação deste com o infantil. O inconsciente, expliquei, era o infantil; era aquela parte do eu que ficara apartada dele na infância, que não participara dos estágios posteriores do seu desenvolvimento e, que, em consequência, se tornara recalcada. Os derivados deste inconsciente recalcado eram os responsáveis pelos pensamentos involuntários que constituíram sua doença (Freud, 1909/1996, p. 158).

Essa identificação do infantil com o inconsciente adquire novos contornos a partir de 1920, quando ocorre a reformulação do pensamento freudiano e o estabelecimento da nova tópica do aparelho psíquico. Não tenho a intenção de detalhar esse percurso teórico aqui, mas importa salientar que, de acordo com a nova proposição, o princípio do prazer não é a única tendência dominante no psiquismo, tendo em vista os fenômenos observados na clínica e fora dela, que sinalizam para o cumprimento de outro propósito, situado mais além do princípio do prazer. Com isso, a noção de infantil passa a ser articulada à angústia do Real.

> Assim, nos primórdios da investigação psicanalítica até os anos de 1915 e 1920, o infantil se identificava com o registro da sexualidade, isto é, com o campo do desejo e com o que era regulado pelo princípio do prazer. Após os anos de 1920, em contrapartida, o infantil passa a ser circunscrito como o que não pode ser erotizado e como o que é regulado por um além do princípio do prazer. Vale dizer, o infantil passa a ser identificado com o real da angústia e com trauma, com aquilo capaz de lançar no desamparo e de promover seu esfacelamento (Birman, 1997, p. 24).

O trauma e a sedução, entendidos aqui em sua dimensão de desamparo, referem-se àquilo que se inscreve num registro temporal particular, fora da dialética da temporalidade histórica. O trauma se apresenta como "acontecimento", eterno presente evidenciado pela compulsão, que pode ganhar elaboração somente quando historicizado nesta outra temporalidade denominada por Freud de *nachträglichkeit* (posterioridade). Ou seja, o trauma impõe ao sujeito a tarefa de se historicizar, de construir uma versão possível para si mesmo.

É assim que tomo o infantil, um solo fundante, produtor da fratura necessária, que impulsiona o sujeito a inventar uma ficção para si mesmo, uma história que se faz no próprio movimento de narrar-se, "contar-se". "Uma liga de pulsional e estrutural 'flexível', que faz com que a gente seja o que é e não um outro" (Guinard, 1997, p. 17).

Na clínica, seja de crianças ou de adultos, é sempre o infantil que faz questão, com contornos irregulares, irredutível, inapreensível, marca impressa de nosso desamparo. Também possibilidade fundante de que possamos brincar de construir uma origem.

SENTIDOS...

Por que escrevo? Para que este trabalho?

A vida é um constante encontrar o sentido, o fio do desejo. Um movimento faz turbilhão, redemoinho de onde podem surgir bordas - buraco. As questões a mim dirigidas entram e fazem surgir várias outras. Mas, essas questões se juntam ao escrito e vez ou outra me paralisam, mas também fazem andar. Paradoxo que a dor produz...

Os motivos são meus. Sendo mãe, levo um mundo comigo, levo outros a fazer o caminho... E então pergunto por que a universidade? Esse universo que às vezes parece parado em um tempo único, numa dimensão fora de onde a vida acontece... Relegando-a a um país dos brinquedos (narcísico e gozoso) ou a um museu das larvas (fantasmas que só assombram).

Lembro-me do Agamben em Infância e história, quando diz que hoje as experiências se efetuam fora do homem, por exemplo, diante de alguma maravilha da Terra, preferindo-se que seja a máquina fotográfica a ter a experiência dela. Não que isso seja deplorável, ele segue dizendo, é apenas uma constatação, e talvez se esconda no fundo dessa recusa aparentemente disparada um grão de sabedoria no qual podemos adivinhar, em hibernação, o germe de uma experiência futura. Esta é a tarefa que o escrito de seu livro se propõe: "retomando a herança do programa benjaminiano da 'filosofia que vem' – é a de preparar o lugar lógico em que este germe possa atingir a maturação". Mas eu penso o lugar da fotografia: pode, em vez de buscar sentir, assemelhar-se à busca de conhecimento construído para saber sobre a vida, o mundo, as coisas? Parece que Perec faz uma recusa desse conhecimento construído, tentativa de pureza, concretude, ao escolher a literatura, o grupo de parceiros, e não a universidade, como o lugar para dizer da vida. Talvez para não sacrificar a construção da experiência em prol de um "conhecimento puro". Nos seus escritos, o cotidiano pulsa e nos coloca, enquanto leitores, construindo com ele. Não somente pelo tom autobiográfico, de certa forma sempre presente nas suas obras, mas também por não dizer tudo, por manter o enigma que faz o leitor manter um fio que pode ligar ao desejo.

Assim, o que é possível na universidade é a aposta de, jogando com os brinquedos e as larvas, poder criar significantes de descontinuidade para que as larvas não devorem as crianças e estas não precisem destruir os significantes do passado para se manterem vivas.

2

INCONSCIENTE E NARRATIVA

"Quando uso uma palavra" — disse Humpty Dumpty num tom zangado — "ela significa exatamente o que eu quero que ela signifique — nem mais nem menos." "A questão", disse Alice, "é se você pode fazer as palavras significarem tantas coisas diferentes." "A questão" — disse Humpty Dumpty — "é saber qual o significado mais importante — isso é tudo". Alice estava muito intrigada para poder dizer qualquer coisa.

(Lewis Carroll – Alice no País das Maravilhas)

O tema da narrativa surgiu como questão ao tentar entender a especificidade da escuta psicanalítica, e não cessa de produzir perguntas. Ao pensar a relação da narrativa com o inconsciente, parto da ideia de que, ao narrar, podemos nos encontrar com nossas questões inconscientes, e é justamente isso que possibilita a saída do âmbito individual. Como indivíduo, cada um tem sua vida, seu trabalho, seus problemas e amores. Mas ao construir uma narrativa, o narrador expressa algo que vai além, entrelaçando singular e coletivo. Portanto, a narrativa tenta dar conta do que nos concerne como cultura num determinado meio social. E ao questionar qual o lugar do infantil na narrativa, pretendo problematizar a relação do *in-fans* com a linguagem e a construção da experiência com a infância e o infantil. Na obra de Perec, podemos encontrar elementos literários, por meio de suas *contraintes*[14], que possibilitam abordar a relação

---

[14] Do verbo francês *contraindre*: que exerce uma ação contrária a; Coisa que coloca obstáculo, coisa que impede a ação. Regra, disciplina, lei. Opressão. (Adaptação do dicionário *Le Petiti Robert Micro*. Esse dicionário não diz nada do emprego da *contrainte* na literatura e nas artes. Em literatura e na criação artística, usar uma *contrainte* é trabalhar sob limitações e regras. "Essas limitações podem ser dos mais variados tipos: na redação de um texto, pode-se eliminar o número de palavras, pode-se proibir o uso de um determinado tempo verbal ou mesmo de uma letra do alfabeto" (O que é a *contrainte?*, 2010, n.p.).

entre experiência e ficção a partir de argumentos psicanalíticos para pensar a relação entre real, realidade e memória.

Perec, ao trabalhar com regras matemáticas e jogos linguísticos, coloca restrições a si e ao leitor. Quais os efeitos dessa relação com a escrita? Ao produzir sua ficção, Perec se separa da realidade ou se aproxima do real? Essa interrogação se refere ao Real lacaniano (o que não cessa de não se inscrever) e será problematizada quando trabalharmos as especificidades de determinados pontos percebidos na leitura de algumas obras de Perec.

Somos a única espécie cuja essência não está contida na esfera vital. Temos um cérebro que aprende por toda vida. Nosso cérebro está aberto a tudo o que acontece ao seu redor, o que faz com que tenhamos uma abertura ontológica em relação ao que é o essencialmente humano. Podemos dizer: o que é humano sempre se recoloca como pergunta, e as respostas também. Isso torna nossa natureza incompleta e diversa, justamente por precisarmos ser banhados de linguagem, e esta vem do Outro. Fato que nos humaniza, pois nos coloca na dependência da relação com nosso semelhante. E precisamente a linguagem não é uma mera representação do mundo externo em nossa mente. Por exemplo, quando falamos uma determinada palavra, podemos imaginar que essa palavra sempre existiu, mas ela apenas ilumina uma ideia estabelecida socialmente e que consequentemente produz efeitos nas relações. Então, podemos interrogar qual a relação entre a linguagem e as palavras que usamos para nomear os outros, a nós mesmos, o mundo que nos cerca, nossas relações. A ideia de representação inclui a de criação. A linguagem, entendida do ponto de vista estrutural, é um conjunto de significações que são provocadas pela diferença de significantes, de modo que cada significante engendra o seu significado na relação com os outros, e faz com que esse movimento de significação crie uma identificação e uma não identificação, ao mesmo tempo. A primeira restrição que uma pessoa encontra na sua relação com o mundo é ter que se submeter às regras da língua. Assim, algo se desprende e não cessa de não se escrever.

Como já mencionado, Perec, na proposta de sua escrita, submete a si e ao leitor às *contraintes*,[15] que vão construindo um caminho individual num caminho percorrido conjuntamente, escritor e leitor.

Giorgio Agamben, no livro *Infância e história*, trabalha a articulação de Benveniste em relação à interrogação saussuriana sobre o que separa o discurso da língua, e o que, em determinado momento, permite dizer que a língua entra em ação como discurso. Vai dizer que o signo e a frase estão separados por um hiato. Tal hiato entre semiótico e semântico, entre língua pura e discurso, faz Saussure questionar por que existe uma dupla significação. E, segundo Agamben, é a esse problema que a teoria da infância possibilita dar uma resposta coerente:

> [...] é o fato de que o homem tenha uma infância, ou seja, que para falar ele tenha de expropriar-se da infância para constituir-se como sujeito da linguagem [...]. Na medida em que possui uma infância, em que não é sempre já falante, o homem não pode entrar na língua como sistema de signos sem transformá-la radicalmente, sem constituí-la como discurso [...]. O humano propriamente nada mais é que esta passagem da pura língua ao discurso; porém este trânsito, este instante, é a história (Agamben, 1979/2005, p. 67-68).

Ao pronunciarmos "eu", inauguramos um ato individual que coloca a língua em funcionamento, e é, justamente, um ato de enunciação. Daí procede a instauração da categoria do presente e dela nasce a categoria do tempo (Benveniste, 1989, p. 82). O presente é essa presença no mundo que só a enunciação torna possível, "porque o homem não dispõe de nenhum outro meio de viver o 'agora'

---

[15] *Contrainte*, segundo Vinícius Carvalho Pereira (2013), é uma restrição que o grupo Oulipo (*Ouvroir de Littérature Potentielle*), criado por Raymond Queneau na década de 1960, impõe à escrita. O Oulipo é uma corrente literária que mistura regras da literatura e da matemática na criação das obras. Vai de encontro às correntes do pensamento europeu na segunda metade do século 20, especialmente o existencialismo e o surrealismo. Para os "oulipianos", está em jogo uma escrita como ato, procedimento, estratégia ou jogo. Não seria, pois, um gênio autoral ou um sujeito preexistente que dotaria a linguagem de um sentido, mas sim ela mesma, a partir de seus algoritmos e associações ou exclusões, que comporia uma mensagem. "Libertar a língua e a literatura por meio de regras restritivas: eis a tarefa paradoxal a que se lançou o Oulipo — grupo de escritores europeus da década de 60" (Pereira, 2013, p. 174).

e de torná-lo atual senão realizando-o pela inserção do discurso no mundo" (p. 85), empregando a língua, enunciando. Esse presente extensivo à presença do eu se delimita "entre o que vai se tornar presente e o que já não é mais" (p. 86).

E qual é a categoria do lembrar? Quando lembramos, afirmamos o que não quer calar? Seria esse o núcleo de *W ou a memória da infância?* Guardar intactas as lembranças na repetição das fotos, dos lugares e das coisas?

No trabalho de Agamben, encontro pontos importantes para pensar um dos argumentos desta pesquisa: sendo a infância uma construção social, o infantil ocupa um lugar, potente, de sempre devir. O autor denomina a infância como "in-fância" (experiência ainda muda). Tal experiência coloca em evidência o nascer da língua, a origem, presente na relação com o corpo. No extremo da experiência, na radicalidade da vivência, resta-nos a língua, assim podemos narrar. Ou seja, todos nós temos algo do corpo excluído, por essa razão a palavra assume uma literalidade, podemos dizer, originária, possibilitando ao sujeito fazer corpo disso que é excluído. É preciso que algo do corpo caia para que a linguagem possa servir como mediadora entre língua e discurso ou, segundo diz Ana Costa no livro *Litorais da psicanálise* (2015), entre língua instrumental e endereçamento de fala.

Esse comentário encontra sintonia na citação de Agamben do relato que faz Montaigne sobre um incidente sofrido por ele, e também da narração de Rousseau em *Devaneios do passeante solitário.* "Estas paixões, que não nos tocam senão através da casca, não se podem dizer nossas. Para torná-las nossas, é preciso que o homem nelas se tenha empenhado completamente [...]" (Montaigne, 1580 citado por Agamben, 1979/2005, p. 50). E, citando Rousseau: "Nascia para a vida naquele instante e era como se eu preenchesse com a minha leve existência todos os objetos que percebia" (p. 51). São falas produzidas a partir dos relatos de acidentes sofridos: Montaigne, quando foi atropelado por um cavalo, enquanto cavalgava; Rousseau, atropelado por um cão dinamarquês, enquanto andava na rua.

Desses episódios, Agamben destaca a ideia de inconsciente como a crise do conceito moderno de experiência, "ou seja — como o sintoma de um mal-estar" (Agamben, 1979/2005, p. 51). Ele aponta para uma reviravolta do limite da experiência, não estando mais na queda de Montaigne (a morte), e sim no nascer e no instante de existência na relação com os objetos, indicado por Rousseau. No limite da experiência, traz-se um retroceder à infância. É nesse ponto que Agamben (1979/2005, p. 53) localiza a relação moderna entre a poesia e a experiência: "É tendo como fundo esta crise da experiência que a poesia moderna encontra a sua situação própria — não se funda em uma nova experiência, mas em uma ausência de experiência". Segundo o autor, essa ausência estaria presente, por exemplo, na poesia de Rilke, que oscila suspenso entre dois mundos contraditórios.

> Por um lado, ele mostra no anjo, na marionete, no saltimbanco e na criança as figuras de um *Dasein* que se liberou totalmente de toda experiência, e por outro, evoca com nostalgia as coisas nas quais os homens "acumulavam o humano" e eram, portanto, "visíveis" e "dizíveis", em contraposição às "aparências de coisas" que "irrompem da América" e que já deslocaram a sua existência "no frêmito do dinheiro" (Agamben, 1979/2005, p. 53).

Nessa ideia Agamben situa o sujeito da linguagem como o fundamento da experiência e do conhecimento.

> Experienciar significa necessariamente, neste sentido, reentrar na infância como pátria transcendental da história. O mistério que a infância institui para o homem pode de fato ser solucionado somente na história, assim como a experiência, enquanto infância e pátria do homem, é algo de onde ele desde sempre se encontra no ato de cair na linguagem e na palavra. Por isso a história não pode ser o progresso contínuo da humanidade falante ao longo do tempo linear, mas é, na sua essência, intervalo, descontinuidade, *epoché*.[16] Aquilo que tem na infân-

---

[16] "Do verbo *epéchein* 'suspender'. Na filosofia cética, 'suspensão do juízo', atitude que evita afirmar ou negar, aceitar ou refutar as coisas, como forma de atingir a imperturbabilidade" (Agamben, 2014, p. 173).

cia a sua pátria originária, rumo à infância e através da infância, deve manter-se em viagem (Agamben, 1979/2005, p. 65).

O sujeito contemporâneo se interroga sobre quem é. Nem sempre foi assim. Anteriormente o sujeito estava situado *a priori*, pela família à qual pertencia, pela sociedade. Estamos diante de um novo indivíduo. Vivemos novas formas de estar no mundo. O que faz do ser um sujeito? A resposta está sempre exigindo uma reelaboração e nos faz interrogar constantemente o que adquire estatuto de experiência.

A linguagem produz ação (Bezerra Jr., 2013). Usar uma linguagem é mais que representar, é agir no mundo criando sentidos, criando significados, e cada um desses significados engendra uma maneira particular de ver um objeto, de ver a nós mesmos e o outro, o que consideramos bom ou mau, legítimo, ilegítimo, feio, bonito, normal, patológico. As palavras não apenas representam, elas não servem apenas para comunicar. As palavras criam realidades, moldam a nossa percepção. Absorvemos os vocabulários da cultura à qual pertencemos e os vocabulários nunca são inócuos. Diz-nos Agamben (1979/2005, p. 64):

> É a infância a experiência transcendental da diferença entre língua e fala porque o homem, na medida em que tem uma infância, em que não é já sempre falante, cinde esta língua una e apresenta-se como aquele que, para falar, deve constituir-se como sujeito da linguagem, deve dizer *eu*.

Considerando a experiência na diferença entre humano e linguístico, Agamben ainda afirma: "Que o homem não seja sempre já falante, que ele tenha sido e seja ainda in-fante, isto é a experiência" (p. 62).

Georges Perec nasceu em 7 de março de 1936, na cidade de Paris, onde viveu a maior parte de sua vida, e morreu em Ivry, aos 46 anos. Perdeu seu pai quando este lutava na Segunda Guerra Mundial e sua mãe um ano depois, em Auschwitz. Então, aos 6 anos, ficou órfão e foi levado para viver na casa de parentes. Evento marcante na vida de uma criança. Podemos nos colocar diversas questões. O quanto essa vivência constituiu a experiência que influenciou os escritos do homem Perec? Mais que um texto em busca de uma história individual, Perec parece produzir enlaces com a história de uma sociedade.

Escrever é uma forma de representar o irrepresentável? Em *O sumiço*[17], Perec escreve um livro inteiro sem usar a letra "e", a mais frequente no francês e a mais presente em seu nome.[18] Podemos dizer, fazendo-o transitar no limite entre o Real da letra e o Simbólico do nome. Letra que faz operar um não lugar onde podemos situar o infantil e a utopia. Possibilidade de narrar, ou seja, por meio da escrita da ficção poder se contar, o que implica acessar uma memória que também é coletiva. Também em *W ou a memória da infância*, por meio de uma autobiografia ficcional, o autor discorre sobre a condição de sua vida, como órfão em decorrência do nazismo, e um mundo imaginado que permitiu a existência da *Shoah*,[19] introduzindo assim a condição social de seu escrito. Sua técnica, principalmente em *O sumiço*, é de não revelar a condição testemunhal do texto, pois o desaparecimento da letra fala de uma ausência que situa, para Perec, seus pais, mas também um signo de privação que faz a borda do furo de um saber que priva também o leitor, que fica sabendo do desaparecimento da letra tempo depois da primeira publicação do livro. Lacan (1953/1998a) mostra a importância da linguagem e nela deduz a condição de existência do inconsciente. O inconsciente é algo que se articula na fala e não algo que vem *a priori*, que a antecede. Através da prática analítica, pode-se verificar e reconhecer a atuação no campo daquilo que é metafórico, do deslocamento daquilo que é simbólico e empregado no próprio sintoma. Dessa forma, Lacan mostra que não há uma

---

[17] Do original francês *La disparition*. Esse livro tem a tradução de José Roberto Andrade Féres, conhecido como Zéfere, e foi publicado pela editora Autêntica em 2016.

[18] É interessante que essa regra à qual Perec se submete vai ao encontro das regras do grupo Oulipo, e alude ao fato de que as regras na verdade libertam a literatura. Semelhante à ideia que a psicanálise traz da importância da interdição para constituição subjetiva. Pretendo, no seguimento da pesquisa, dar mais ênfase ao estudo dessas regras e do funcionamento do grupo Oulipo.

[19] Termo hebraico e bíblico que significa "catástrofe", "destruição", "aniquilamento".

realidade pré-discursiva, privilegia o campo da palavra e afirma que é o significante que dá existência às coisas, oferecendo, assim, ao analisante a possibilidade de se inscrever na sua singularidade, no seu fracasso, no lugar que ocupa, na sua posição de não saber. Isso leva não a uma pedagogia, conscientização, autoconhecimento ou uma subjetividade imposta, mas a uma mudança de posição, de fazer, do retificar, em que o importante é que o saber se constitua com o ato de tomar a palavra.

A entrada do significante implica, necessariamente, que algo seja perdido, uma perda forçada, resultado de uma escolha também forçada, a alienação. Se por um lado a alienação implica uma escolha forçada, a separação implica uma posição do sujeito, uma decisão. É o desejo que opera na separação; esta, portanto, não é automática. E a narrativa toma importância justamente nesse ponto. Narrar é um dizer que situa o sujeito num contexto em que também ele pode encontrar seu lugar compartilhado com outros. Perec, com o desaparecimento da letra, inclui o leitor na história no que ele não sabe não existir.

Segundo Benjamin (1936/1987), a narrativa, que durante tanto tempo floresceu num meio de artesãos, é ela própria uma forma artesanal de comunicação, por isso ele a considera um ofício manual. Essa ideia se aproxima do que Freud aponta: "Devemos de fato tentar comparar o poeta com o 'sonhador no dia mais luminoso', suas criações como sonhos diurnos" (Freud, 1908/2015b, p. 62).

> A partir do conhecimento adquirido com a fantasia, deveríamos esperar o seguinte conteúdo: uma forte vivência atual deve despertar no poeta a lembrança de uma vivência antiga, em geral uma vivência infantil, da qual então parte o desejo que será realizado na criação literária; a própria criação literária permite que se reconheçam tanto elementos de acontecimentos recentes quanto também antigas lembranças (Freud, 1908/2015b, p. 62).

Para Freud, o fantasiar é o brincar da vida adulta, e a linguagem mantém a afinidade entre o brincar e a criação poética. Freud diz que não devemos imaginar as fantasias como castelos no ar ou sonhos diurnos petrificados e inalteráveis, pois "são muito mais adaptáveis às mudanças das impressões da vida, se modificam a cada oscilação da situação da vida, recebendo de cada nova e eficaz impressão uma conhecida 'marca do tempo'" (Freud, 1908/2015b, p. 58).

Partimos da narrativa para pensar a condição do infantil e trazer a singularidade do narrador a partir do fantasiar. Portanto, é relevante perguntar o quanto a obra de Perec pode ser abordada nessa relação com o fantasiar.

UM LIVRO... MUITAS HISTÓRIAS...

O olhar que desloca o tempo é o sol do livro.

Existe começo? O que acontece antes da palavra? O corpo com seu grito? Grito que se transforma em pedido e resulta um corpo, um texto...

E tem a memória... Bolor que o tempo deslocou e fez/desfez nova leitura – transmissão – um fio – o infantil.

Olhei, o livro estava ao sol. Tentativa de desfazer o bolor (mofo: um meio de cultivo que põe os elementos em contato). Palavras ao sol. Um mistério. O que me diria? O que de mim? Esse estranho com o qual me enlaço pela palavra, agora não mais grito, e sim escrita. O livro, tomo-o como guia – quase um enigma. Como um enigma pode ser guia? Uma cena, o livro tomando sol! Mofo, cheiro que irrita, desacomoda.

Se o olhar é o sol, a narrativa é o que insiste pelas linhas do tempo – mofo. Mofo vive e se propaga nas sombras do esquecimento e produz futuro. Narrar para uma outra escritura da história. Assim, coloco a questão sobre o lugar da narrativa. Esta passa pela pergunta sobre como cada um rompe seu silêncio, como cada um se habita. Memórias da infância nos apontam para o que nasce, mas também para o que faz nascer. E o que faz nascer é a noite, a escuridão da memória.

LEMBRANDO...

O que nos orienta? Orienta a dor?

No início foi a pergunta sobre como poderíamos pensar a narrativa na infância. Algo se desloca, a lembrança do Perec e seu livro "W ou a memória da infância". Livro que me negava a ler, me foi apresentado como um livro que contava a história das perdas do autor na época do nazismo. Diante disso, recuei, claro, porque algo de minha história entrava em questão. Ser alemão não foi fácil para meu pai. O livro surgiu no meu caminho muitas vezes, aparecendo de diferentes maneiras e por diferentes leitores o livro se apresentava novamente. O livro potencializou o que estava solto, (Isso) começou a ter um lugar. Algo insistia e não recuava....

O inconsciente produziu a dor que resultou no mau funcionamento articular. Dor motora, mas que impediu a escrita por um tempo. Acordar e morrer? Morrer e acordar?

Qual o fio nos liga e nos sustenta quando estamos entre a borda e o abismo?

A gula pela vida que a morte interdita. Em vida morre. Mas um pai quer nascer e a criança mostra que o fio traz um cheiro – segue o cheiro desse mofo, quase insuportável que impede a leitura, produz a dor e desacomoda, mas que também é um fazer.

Segue esse fio e não foge! Segue tal como a criança que, diante do desconhecido, não é só que queira saber, ela também inventa.

Desde pequena inventando palavras. Na escrita, palavra escrita, a possibilidade do encontro da minha tua história, assim quem sabe essa dor traga com ela algo possível de viver.

A história entre nós faz do livro um fio, tornando a presença constante. E o cheiro é eterno.

O escritor "maldito" teve uma mãe com o mesmo ofício da minha, um de meus filhos nasceu no dia em que ele fazia aniversário, e nesse ano em que resolvo olhá-lo, enfrentá-lo, tenho a mesma idade que ele tinha quando partiu.

Que matemática é essa? Coincidência?

Sendo um escritor, ele vive. Assim, parece impregnar-me.

Buscar o livro na casa do pai? Não, aquele livro embolorado, meio de cultivo de anos passados, não. Procuro em outro lugar e escolho o livro virtualmente descrito como tendo páginas levemente amareladas. Mas, eis que o "levemente" traz o cheiro do bolor. Um livro todo mofado. Seria o mesmo bolor?

Então, o livro precisou tomar sol — mas um cheiro leve permanece, indicando que por vezes essas páginas precisarão de sol. De onde essa energia?

W ou a memória da infância me encontrou ou eu o encontrei?

Esse jogo produz um escrito, por vezes truncado, vacilante. Entrar de cabeça no texto do Perec é como topar a brincadeira. Então, brincando, descortino um escrito, por vezes excessivo. Mas por onde cortar, ou como seguir cortando?

Um esconde e mostra que a leitura produz.

2.1 Autobiografia: um ruído de fundo

Estou destinado a perder-me, definitivamente,
e só um ou outro instante de mim poderá sobreviver no outro.

(Jorge Luis Borges – O fazedor)

Na busca por mais informações sobre o escritor Georges Perec, tomo como base para esta pesquisa principalmente as seguintes obras: *Georges Perec*, de Claude Burgelin (1988/2002); *Je suis né*, de Georges Perec (1990); *A ficção da escrita*, de Cláudia Amigo Pino (2004); e *Literatura e matemática: Jorge Luis Borges, Georges Perec e o Oulipo*, de Jacques Fux (2016).

Aqui neste trabalho, gostaria de trazer mais do que pontos sobre a vida de Perec. Quero discutir o estilo de sua escritura, suas escolhas literárias, para vislumbrar fagulhas utópicas em sua obra.

No percurso pela obra, mesmo que alguma interpretação se faça presente, meu objetivo ao abordar alguns pontos é colocá-los entre a escuta e a interpretação. Portanto, não pretendo ler o que está por trás da obra e muito menos fazer da interpretação do autor um princípio. Como mencionado anteriormente, tomarei a obra de Perec como mediação, e essa condição de mediação possibilita uma conexão entre a infância, o infantil, a utopia e a psicanálise.

As leituras da obra de Perec me possibilitaram muitas conexões e aberturas para o pensamento, incluindo, certamente, a viagem ao inconsciente. Percebo, assim, a necessidade de fazer um recorte para que essa viagem não me consuma no caminho.

Lanço, agora, as conexões que pretendo trabalhar mais adiante, referindo a escrita de Georges Perec num escrito, em pinceladas:

a) Escrita autobiográfica – conexão I: a letra e o infantil. Substantivo que indica uma experiência além do tempo. E Perec corrobora: "Uma vez mais as armadilhas da escrita se instalaram. Uma vez mais, fui como uma criança que brinca de esconde – esconde e não sabe o que mais teme ou deseja: permanecer escondida, ser descoberta" (Perec, 1975/1995, p. 14).

b) Exórdio – conexão II: a poética do inacabável e o silêncio compartilhado: "Para Perec, a noção de autoria estaria ligada à produção de um objeto instável, em movimento" (Pino, 2004, p. 223).

c) Propagação – conexão III: infantil e utopia no escrito de Georges Perec:

> Na medida em que um universo de ficção nos conta a história de algumas poucas personagens em tempo e local bem definidos, podemos vê-lo como um pequeno mundo infinitamente mais limitado que o mundo real. Por outro lado, na medida em que acrescenta indivíduos, atributos e acontecimentos ao conjunto do universo real (que lhe serve de pano de fundo), podemos considerá-lo maior que o mundo de nossa experiência. Desse ponto de vista, um universo ficcional não termina com a história, mas se estende indefinidamente [...], mas quanto ao mundo real, com a infinidade de cópias que é possível fazer dele, não sabemos ao certo se é infinito e limitado ou finito e ilimitado. Contudo, há outro motivo pelo qual nos sentimos metafisicamente mais à vontade na ficção do que na realidade. Existe uma regra de ouro em que os criptoanalistas confiam — a saber, que toda mensagem secreta pode ser decifrada, desde que se saiba que é uma mensagem. O problema com o mundo real é que, desde o começo dos tempos, os seres humanos vêm se perguntando se há uma mensagem e, em havendo, se essa mensagem faz sentido (Eco, 2002, p. 222).

Esses pontos darão pinceladas, percorrendo todo o trabalho. Porém tentarei aprofundar cada ponto, neste momento, para falar da obra de Perec, e a primeira conexão vai se ligar à escrita autobiográfica do autor.

2.1.1 Primeira pista

A primeira pista sobre Georges Perec veio de um livro perdido. Perdido na minha história. Desde bem pequena, os livros e revistas me chamavam muita atenção. Meu pai estava sempre lendo, e na década de 90, quando o livro *W a memória da infância* foi traduzido, soube ser um livro sobre o que acontecera com os judeus. Esta foi a pista: uma história dentro da história. A história de Perec dentro de uma história que eu não quis saber. Não querendo saber do livro, ele passou a me "perseguir". Ouvi falar dele em vários momentos, mas eu seguia firme no propósito de não o ler. Até o dia de uma conversa com meu orientador, que sugeriu a obra do Perec para eu trabalhar. Mais uma vez Perec no meu caminho...

> [...] teve uma sensação de mal-estar que lhe foi impossível definir com precisão, mas que se acentuava à medida que virava as páginas do volume, com a mão cada vez mais trêmula: era como se as frases que tinha diante dos olhos se tornassem de chofre familiares, fazendo-o irremediavelmente lembrar alguma coisa, como se a leitura de cada uma delas se impusesse, ou antes superpusesse, a lembrança ao mesmo tempo precisa e frouxa de uma frase quase idêntica que ele já lera em algum lugar (Perec, 1993 citado por Pino, 2004, p. 76-77).

Sensação semelhante à descrita nesse trecho do livro *A viagem de inverno* (1993) foi a minha lendo os livros de Georges Perec. Para além das questões mais singulares, parece essa sensação ser efeito, também, produzido pelo estilo de escrita de Perec. Em *A viagem de inverno*, Perec trabalha uma abordagem que os integrantes do Oulipo definem como sendo de "plagiadores por antecipação". Essa definição implica que uma estrutura ou regra criada pelos oulipianos pode ser descoberta posteriormente na obra de algum escritor ou poeta que os precedeu, o qual receberá o nome de "plagiador por antecipação" por ter trabalhado com uma *contrainte* criada *a posteriori* pelo Oulipo. Evocam, assim, os livros que os precederam: "está repleto de textos, verdadeiros pedaços de outros livros — o livro está dentro do livro, onipresente" (Tellier, 2006, p. 178). Interessa-me, aqui, essa ideia do livro dentro do livro, para pensar a construção autobiográfica de Perec.

"A verdade que procuro não está dentro do livro, mas entre livros" (Perec, 1989 citado por Fux, 2016, p. 243). Assim, podemos entender, segundo afirma Jacques Fux no seu estudo sobre a obra de Perec e do Oulipo, que os livros de Perec, tanto os que escreveu quanto os muitos que leu e que são referência em sua obra, são livros que utilizam matemática, intertextualidade, estruturas complexas, narrativas, citações, plágios. Livros cujas ilustrações distam duas mil páginas umas das outras, mas que são, paradoxalmente, infinitos. "Infinitos pela rede de informação, cultura e conhecimento que possibilitam" (Fux, 2016, p. 243). Fux segue dizendo que Perec retoma e dialoga com suas próprias obras, suas próprias *contraintes*, suas próprias limitações, mas também retoma e homenageia outras obras, outras culturas, outros jogos, outros escritores, outros textos.

> Perec modifica seu próprio texto, altera passado e futuro e aumenta a rede de implicações intertextuais possibilitada por sua obra. A letra, a escritura, a universalidade, as possibilidades de leitura e a posição do leitor são, assim, problemas centrais trabalhados (Fux, 2016, p. 246).

Verdade entre os livros. Essa busca entre livros indica um movimento de Perec na construção de sua biografia, construção que está presente em praticamente toda a sua obra. Também, podemos pensar, indica a posição do leitor, que tem posição central na construção de sua escritura. E escritura tomada aqui no sentido da relação temporal escrita/leitura que está implicada na relação entre inscrição e ato — tal como trabalhada por Lacan no seu texto "Lituraterra". Ana Costa comenta, no livro *Litorais da psicanálise*, que Lacan rompe com o suposto freudiano de dois registros de recalque — originário e secundário — por indicarem um suposto temporal progressivo.

> Desde o início Lacan vai romper com esse suposto. De sua produção podemos deduzir que o ato somente se inscreve na transposição de registros, como no encontro Simbólico/Real, e não como sendo dois tempos de um mesmo registro. É por essa depen-

dência do ato como inscrição — na transposição de registros heterogêneos, que, por outro lado, somente se mostram heterogêneos na produção mesma desse ato — que a psicanálise imprime sua especificidade na relação necessária a outros campos do saber. Isso porque é na relação aos outros campos que se produzem os efeitos de seu discurso. É a leitura que inscreve um sujeito no lugar de seu ato, *a posteriori* (Costa, 2015, p. 40).

A verdade situada no entre livros aponta para a necessária relação de leitura para que se inscreva um sujeito. Não está no livro, mas no movimento da leitura, no entre o livro e o leitor. Assim, uma verdade não é absoluta porque é uma construção, produzida entre o livro e o leitor, num espaço de invenção que se constitui a partir da leitura.

Os escritos de Perec incluem o leitor, produzindo uma construção semelhante à do chiste, no sentido das considerações de Freud sobre a sua estrutura. Freud o diferencia do cômico, diz que no chiste o cômico não está na via de rir do outro, mas sim em brincar com o outro a respeito dos equívocos da língua, o "terceiro ausente", que diz respeito a não localizar no outro o objeto do gozo, e sim nos jogos de linguagem. Pelas vias da ficção e dos jogos de linguagem, Perec incorporava conceitos matemáticos diversos, apreciava a lógica combinatória, a arte do *puzzle* e os rigores das *contraintes* no processo de composição do texto. Esse estilo produz, num entre livros, um jogo chistoso que coloca o leitor a criar junto. Segundo Perec, "a escritura é um jogo que se joga a dois" (Perec, 1997, p. 6, tradução nossa). Podemos dizer, inclui o terceiro. E vários livros de Perec mostram que nesse jogo com o livro o leitor é ativo. É a leitura que fará as relações entre as histórias, como em *W ou a memória da infância*, em que cabe ao leitor conectar a escrita mais autobiográfica à escrita ficcional, pois o livro é dividido em um conto e um texto autobiográfico.

W ou a memória da infância é um livro, pode-se dizer, enigmático, tanto para este trabalho quanto para a conexão com a minha história. Seria importante discorrer mais detalhadamente sobre ele.

Com esse livro, Perec explicita dados biográficos. Por meio de fotografias de infância, vai contando fatos de sua vida. Mas Perec incluía em suas obras, de uma forma geral, elementos de sua própria biografia de forma consciente, como deixava claro em suas declarações. Era, inclusive, um de seus objetivos: "O projeto de escrever minha história se formou ao mesmo tempo que o meu projeto de escrever" (Perec, 1975/1995, p. 36).

Para entender esse projeto, interessa-nos algumas informações que Cláudia Amigo Pino traz em seu livro *A ficção da escrita*, feito a partir da pesquisa dos manuscritos do livro *53 Jour*, de Perec. Ela comenta que a crítica perequiana tem chamado a rede de elementos autobiográficos em suas obras de *biotexto*.[20]

No ano de 1967, Perec, então com 31 anos, recebeu o *Acte de disparition* de sua mãe, documento que é frequentemente citado de forma encoberta nos seus textos. Em 1941, foi entregue desnutrido aos seus tios paternos, Esther e David Bienenfield, que se ocuparam dele. Perec teve muitos problemas de adaptação à nova vida, fato que o levou a um tratamento psicanalítico com Françoise Dolto. Acabou sendo afastado dos tios e enviado para um internato, o College Geofroy – Saint-Hilaire, em Étampes.

Perec se dedicou à escrita desde a adolescência, sendo sua maior determinação. Em 1955, iniciou uma licenciatura em História na Sorbonne e depois se inscreveu em Sociologia, mas não concluiu nenhum desses cursos.

Seu primeiro romance foi concluído em 1956, *Les errants* (*Os errantes*), que não chega a ser publicado, assim como seu texto seguinte, *L'attentant de Sarajevo* (*O atentado de Sarajevo*), que foi recusado pelas duas editoras onde tentou publicar, assim como suas próximas tentativas, os textos *Gaspard Winckler pas mort* (*Gaspard Winckler não morto*) e *Le condottière* (*O condottiere*). Em muitos romances posteriores, aparecem personagens desses textos não publicados, como Gaspar Winckler, que aparece como protagonista

---

[20] Conceito introduzido pelo crítico B. Magné.

em *W ou a memória da infância* e é também personagem fundamental de *A vida modo de usar.*

Em 1965, Perec publicou seu primeiro romance, *As coisas: uma história dos anos sessenta,* no qual retrata a vida de um casal por meio de seus objetos de consumo, e com o qual ganhou o prêmio mais importante da França para autores estreantes, o Prix Renaudot. Assim, o livro se torna um sucesso de vendas. Na França, Perec passa a ser autor obrigatório nas escolas. Um ano depois, a editora Gallimard publicou *Quel petit vélo à guidon chromé au fond de la cour?* (*Qual bicicleta pequena com guidão cromado no fundo do* pátio?), suposta "brincadeira" em que Perec tenta escrever um episódio banal de sua própria vida com todas as figuras retóricas (apócopes, eufemismos, hipérbatos, prosopopeia etc.). O romance seguinte, *Um homem que dorme* (1967), é o relato de um homem deprimido na segunda pessoa do singular, no qual, por meio da repetição de frases e descrições, Perec consegue produzir a sensação do tempo da depressão no leitor. Segundo Cláudia Pino, esses três livros já anunciavam uma certa predileção pela experimentação com a linguagem, pela descontinuidade e pela imposição de "regras", o que torna certa a entrada de Perec no Oulipo, que acontece em 1967. A obra de Perec caminhava na mesma direção das pesquisas do grupo. E o primeiro livro resultado da participação de Perec no Oulipo foi o romance *La disparition,* com cerca de 320 páginas, 78 mil palavras e 297 mil sinais (Fux, 2016). Perec constrói um lipograma[21] eliminando a letra "e", uma *contrainte* de alta dificuldade por se tratar da letra mais frequente do francês. A eliminação da letra "e" impede a utilização de três quartos das palavras em francês, além de impedir o uso de termos indispensáveis no idioma, como *je, le, de que, ne, em,* o que faz com que o ambiente feminino se torne difícil e o adjetivo seja sempre masculino.

Os críticos, na época do lançamento, não se deram conta da ausência da letra "e", considerando *La disparition* apenas um exercício

---

[21] Tipo de composição usada na construção literária, em que intencionalmente deixam de ser empregadas uma ou mais letras do alfabeto.

de estilo ou um jogo literário. Somente um elemento anuncia que a letra proibida (os personagens morrem ao pronunciá-la) é a grande desaparecida do romance, exigindo uma autorreflexividade sutil, pois somente o conhecimento da regra fundamental usada para a escritura (o lipograma em "e") dará a solução da trama (a grande desaparecida é a letra "e"). Segundo Pino (2004), essa equação vai ao núcleo da autorreflexividade oulipiana: "Somente aos termos consciência do processo de criação é que a própria obra terá sentido" (Pino, 2004, p. 57). Depois de *La disparition,* Perec escreveu *Les revenentes* (*Os mortos-vivos,* 1972), uma novela cuja regra é o monovocalismo em "e", ou seja, todas as palavras usadas só podem ter a vogal "e".

Fux (2016) afirma que Perec considerava o lipograma como o grau zero da *contrainte,* já que seu entendimento é bem simples e direto, ainda que sua aplicação algumas vezes seja bastante difícil: "A eliminação de uma letra, de um sinal tipográfico, do suporte elementar, é uma operação mais neutra, mais limpa, mais decisiva, qualquer coisa como o grau zero da *contrainte,* a partir do qual tudo se torna possível" (Perec, 1973 citado por Fux, 2011, p. 34). Ao mesmo tempo que Perec considera a importância das *contraintes,* usadas por ele e pelo Oulipo, também reforça a linguagem como uma *contrainte* e critica aqueles que ignoram a escritura como prática, como trabalho e como jogo, sendo exatamente o que ele faz em sua obra:

> Essa ignorância lexicográfica acompanha um desconhecimento crítico também tenaz e negligenciado. Unicamente preocupado por suas grandes maiúsculas (a Obra, o Estilo, a Inspiração, a Visão do Mundo, a Opções Fundamentais, a Genialidade, a Criação etc.) a história literária parece deliberadamente ignorar a escrita como uma prática, como trabalho, como jogo [...]. As *contraintes* são tratadas como aberrações, monstruosidades patológicas da linguagem e da escritura; as obras que suscitam não têm o direito do *status* de obra: doentes, de uma vez por todas, em sua proeza e sua *habilidade,* tornam-se monstros para-literários justificados somente por uma semiologia em que a enumeração e a fadiga

ordenam um dicionário da loucura literária [...].
Não pretendemos que os artifícios sistemáticos se
confundam com a escritura, mas somente que eles
se constituam como uma dimensão não negligen-
ciável (Perec, 1973 citado por Fux, 2011, p. 34-35).

Podemos interpretar nessa fala de Perec um ponto de resistência, uma utopia, no sentido de que, ao resistir, possibilita que seu
escrito encontre um reconhecimento e faça tradição. Quando aponta
para a regra de eliminação de uma letra como sendo o ponto zero
das *contraintes*, podemos aproximar sua literatura ao trabalho da
psicanálise em torno da discussão do lugar da falta na constituição
subjetiva. E quando aposta numa escritura, construída a partir de
uma restrição, Perec coloca o leitor num lugar ativo, ampliando
as possibilidades de interpretação do escrito — como também a
psicanálise, ao constatar que a condição para a construção da experiência é de que algo caia, falte ao sujeito. Mostrando que não basta
um campo definido de pertença, de crenças, para que se constitua
uma experiência.

Os tempos para um sujeito se contar são bem mais comple-
xos do que somente o instante de ver. Em psicanálise sabemos a
importância da constituição ficcional na sustentação da verdade do
sujeito, muito bem exemplificada na ficção de Perec. Esse ponto é
trabalhado por Ana Costa no livro *Litorais da psicanálise*. Segundo
a autora, essa referência temporal a ser considerada diz respeito à
construção ficcional. É paradoxal a relação com a verdade porque
uma verdade é um exercício de construção, depende de uma ficção
compartilhada para ser sustentada. Assim, estamos no campo da
falta, do não todo. Nesse sentido, aí pode surgir uma posição ética,
na medida em que o sujeito, ao construir uma ficção para sustentar
uma ética para sua vida, implica o desejo, instituindo uma direção
à sua experiência. Seguindo Ana Costa, na construção desse campo
ficcional, para sustentação do desejo, o sujeito se posiciona na verdade
com estrutura de ficção, tal como sugere Lacan, no sentido de que a
verdade é sempre "não toda", fica dependente da constituição de uma

narrativa ficcional. "Narrativa, esta, que também pode sustentar o sujeito nas construções históricas. Isso implica a constituição mesma do laço social: dizendo respeito tanto ao que precede o sujeito como também ao que o sucede" (Costa, 2015, p. 57).

Complexifica-se, assim, a relação ao saber. O que vai interferir e fazer toda diferença na relação do sujeito com a experiência, já que a psicanálise propõe tomar o saber como o "insabido" do inconsciente. E é este o processo de uma análise — o sujeito se depara com uma falta "a saber", como se alguma coisa pudesse ser apresentada como saber positivado no futuro, mesmo que no momento o sujeito não saiba.

> Ao propor o saber inconsciente como *insabido*, coloca em causa um furo no saber. É o encontro desse furo que diz respeito à necessidade do sujeito se situar por relação ao laço instituído, na construção ficcional que implica esse laço. Nesse sentido, a posição do analista diz respeito à produção desse furo no saber, que contradiz, ou mesmo destitui, toda a relação com o que é evidente (Costa, 2015, p. 57).

A escrita de Perec e do Oulipo vem corroborar essa relação com a verdade e o saber, produzindo uma torção utópica na relação com a literatura. A utopia no sentido em que Edson de Sousa a trabalha no texto "A potência iconoclasta do objeto a: psicanálise e utopia" (Sousa, 2009a), onde aborda a ideia lacaniana de que o objeto *a* resiste à significantização, e escapando à imagem, podendo ser considerado como utopia. Essa argumentação será discutida mais adiante, pois, neste momento, interessa apenas para situar o sentido do utópico que quero apontar na escrita de Perec. Principalmente quando estabelece a necessidade das *contraintes* para, justamente, produzir furo no excesso de significado. Porque na obrigação de lembrar o sujeito fica preso num tempo em suspenso, impossibilitando uma passagem, podendo impedir que o trabalho de um luto possa se realizar.

O luto implica poder perder e, nesse sentido, esquecer. Assim, o não ter memória, colocado por Perec no livro *W ou a memória da infância*, diz respeito não a um esquecimento, mas a uma reação à

UTOPIA DO INFANTIL EM GEORGES PEREC E A INFÂNCIA NA PSICANÁLISE

"obrigação de lembrar", segundo Ana Costa (2015). Reação que resulta em sua obra. Pois podemos perceber em vários de seus escritos essa relação com a construção de memória, sempre num sentido da relação paradoxal com o excessivo. Na obsessão em descrever lugares, objetos e produzir uma literatura abrangente, Perec marca o limite e o inacabamento, bem como produz uma deformação do acontecimento, que é, precisamente, o movimento que poderá produzir sujeito da experiência. Com isso, Perec produz resistência ao que o interpela como sobrevivente, produz com sua obra cortes, lacunas, desafios ou obstáculos, enfim, *contraintes* que nos remetem a uma incompletude ou um percurso que em lugar de textos vistos como completos, sacralizados num cânone, faz da literatura um contínuo, com textos nunca acabados, inclusive nos seus textos ditos autobiográficos.

Paralelamente às narrativas oulipianas, Perec desenvolvia uma espécie de projeto autobiográfico, que, segundo Cláudia Pino (2004), compreendia duas obras diferentes: *L'arbre* (*A árvore*) e *Lieux* (*Lugares*). Porém essas obras nunca chegaram a ser terminadas ou foram muito transformadas, o que alguns críticos relacionam com um terceiro processo de análise ao qual Georges Perec se submeteu de 1971 a 1975 com o psicanalista Jean-Bertrand Lefévre-Pontalis. O resultado desse processo biográfico revisado é uma das obras mais comentadas de Perec, *W ou a memória da infância*.

Claude Burgelin, no seu livro *Georges Perec* (1988), no capítulo intitulado "Perec l'écrivain" ("Perec, o escritor"), comenta que a história de Georges Perec como escritor começa depois de um aniquilamento, depois das cinzas de Auschwitz. Ele se construiria pouco a pouco, autor de sua vida, a partir do apoio e do suporte das letras. "Construindo arquiteturas tão rigorosas quanto fantasiosas, Perec renovou os dados de tudo isso, no sentido amplo da palavra, mudou a ordem das letras" (Burgelin, 1988/2002, p. 7, tradução nossa). Na maioria das vezes, ele o fez jogando conosco, enquanto jogava armadilhas de palavras, prendendo-as com jogos. Mas também deixando o jogo e colocando-se em jogo, escrevendo como um meio de salvação. Em *W ou a memória da infância*, a imagem das fotografias de infância serviram como um resgate da história de Georges Perec. "Para este filho de imigrantes (poloneses e judeus) a História com seu grande machado corta imediatamente um destino" (Burgelin, 1988/2002, p. 8, tradução nossa). *W ou a memória da infância* dirá como.

> Graças aos sinais, às letras, à leitura, a criança se não pôde dar sentido a esse desaparecimento, pôde colocar sobre eles, em torno deles uma montagem de rastros quantificando, decifrando o inimaginável. Ele encontrou assim os pontos de apego e suspensão que o impediram de cair no vazio (Burgelin, 1988/2002, p. 8, tradução nossa).

Os sinais podem dizer tudo, e dizer tudo ao mesmo tempo: a vida e a morte, a opressão e a liberdade, a partida e a chegada. Eles podem representar o irrepresentável sem, no entanto, representá-lo; dizer e não dizer, sem, contudo, dizê-lo. São as imaginações, os devaneios da criança em torno do poder dos sinais — por exemplo, a montagem dos mesmos seis traços que podem resultar em cruz suástica, estrela de Davi ou um "w".

> Esses sinais moldaram em Perec um escriba imaginário, manipulador de sinais, montador de letras. E os pequenos entalhes de gráficos e letras vão dar espaço para os cortes do grande machado. Com essas formas, os contornos estranhos e enigmáticos, ele vai moldar sua vida, o mundo. As peças dos seus *puzzles*, essas parcelas esculpidas, essas figuras irregulares, vão ajudá-lo a sair do despedaçamento. Os grandes *puzzles* de madeira, números e letras podem oferecer um número infinito de montagens onde os menus fazem sentido para serem associados uns com os outros, retomados em estruturas gerais. Ao mesmo tempo, são apenas montagens e ninhos, as peças podem ser descartadas ou perdidas, o vazio as rodeia. As letras/signos lhe permitirão deixar o *status* passivo do órfão-vítima, para tornar-se autor de sua vida (escritor) e construtor de vidas (romancista) (Burgelin, 1988/2002, p. 10, tradução nossa).

W ou a memória da infância é um livro dividido em duas narrativas alternadas: o relato das lembranças de infância do próprio Perec e a história de um país dedicado aos esportes, "W". A parte autobiográfica não segue um relato cronológico e as lembranças se repetem várias vezes, sempre com alguma diferença em relação à versão anterior, fazendo com que o leitor precise percorrer os erros das lembranças e compará-los à fantasia (o país W), em um processo muito semelhante, podemos dizer, ao de uma análise, como desenvolve Pino (2004) a partir de Philippe Lejeune em *La mémoire et l'oblique: Georges Perec autobiografe* (1991). As obras *La boutique obscure* (*A loja escura*, 1973), uma coletânea de sonhos escritos para a análise, *Je me souviens* (*Eu me lembro*, 1978) e *Je suis né* (*Eu nasci*, 1990) são publicações que reúnem vários textos que contribuem para o entendimento do sentido que o autor buscava dar à autobiografia, seus recursos e suas memórias, assim como assinalam a pertinência de pontos autobiográficos como marca geral em sua obra.

Uma lista de lembranças quotidianas, entre outras, também faz parte do programa autobiográfico seguido por Perec. De certa maneira, todos os seus textos, mesmo aqueles que partem de outros objetivos, fazem referência a um ou mais aspectos de sua vida pessoal. Por exemplo, *O sumiço* faz referência à morte de sua mãe. Em *As coisas*, o casal de personagens se dedica às pesquisas de mercado e viaja à Tunísia, como Perec e sua mulher, Paulete. A personagem de *Um homme qui dort* tinha uma cicatriz na parte superior do lábio, como Perec. Cécile, personagem de *A vida modo de usar*, é inspirada na mãe do autor. Poderíamos citar uma série de outros exemplos, mas gostaria de trazer apenas mais um, comentado por Rodrigo Ferraz de Camargo (2008). Encontro em seu trabalho argumentos que confluem à minha questão sobre leitura. E é possível afirmar que minha leitura da obra de Perec se faz a partir de um direcionamento, uma *contrainte* — encontrar nessa leitura argumentos para a afirmação de que o infantil é um operador utópico.

Rodrigo Ferraz de Camargo traz um exemplo que ajuda a pensar o lugar do analista como o que lê — ou seja, na sua escuta é a leitura que está implicada. Na prática clínica, a operatória sobre o inconsciente exige, por parte do analista, leitura, e não somente escuta. Mas quando estamos lendo a obra de um autor, na condição de "análise" de sua escritura, incluímos o entendimento de uma passagem do significante à letra, na qual, da mesma forma que numa transferência, está implicado o inconsciente do analista. O recorte a seguir, encontrado na dissertação de Camargo, dá conta disso:

> Pierre me descrevia as ruas onde vivera, os quartos onde dormira, o desenho do papel de parede, precisava-me as dimensões do leito, da janela, a localização de cada móvel, a forma do fecho da porta, e eis que nesse inventário maníaco, dessa recensão infinita que não poderia ter deixado nada de fora, nascia em mim o pensamento pungente da ausência. Os quartos de Pierre: quanto mais eu os via se encherem de objetos, mais eles me pareciam vazios; quanto mais precisa era a topografia, mais vasto o deserto; quanto mais o mapa se povoava de nomes, mais mudo ele era. Ali só havia relíquias, não havia ninguém. E estranhamente era em mim, que o buraco se abria (Pontalis, 1988 citado por Camargo, 2008, p. 148).

Pierre é o pseudônimo de um dos casos clínicos mais famosos do psicanalista Jean-Bertrand Lefrèvre-Pontalis, que foi aluno e analisante de Jacques Lacan nos anos 1950 e 1960. Pontalis foi analista de Georges Perec entre maio de 1971 e junho de 1975. E em vários momentos, inclusive com outros pseudônimos, escreveu relatos clínicos sobre seu famoso caso. Trazemos esse recorte porque diz da relação transferencial desde o analista, mas, principalmente, da transferência com uma leitura a partir de uma análise. O buraco que os textos perequianos fazem abrir é o indicativo da relação dos sujeitos com a nomeação, logo da relação letra e corpo. Não é meu objetivo trabalhar tão complexa relação, mas se faz necessário marcar que a pista da letra está, como diz Lacan, onde ela nos despista, ou seja, existe uma relação intrínseca entre nome e lugar, encontro do simbólico com o real. Por essa razão, segundo Lacan, o nome pode ser um grande aliado da letra. A escrita cria outro real, responsável pela produção de bordas que de alguma maneira inscrevem a letra no buraco de um saber, situando cada sujeito; da mesma forma, inscreve e situa o sujeito em diferentes campos do saber. Perec, no livro *O sumiço*, escreve um lipograma em "e", conforme já foi comentado. O desaparecimento dessa letra é tematizado na história, e o único lugar onde a letra aparece é no nome do autor. E só se sabe no *après coup* que se trata de um texto sobre a ausência da letra "e". É o leitor, na medida em que lê a letra, na sua ausência, quem a inscreve.

Proponho, neste trabalho, manobrar alguns textos da obra perequiana, e o farei tentando seguir a pista de uma letra, uma presença que se inverte e se desvela, inclusive, por meio da ausência. Farei esse caminho apoiando-me, sobretudo, em uma letra, "W". Veremos que nesse percurso de uma letra que corre atrás da verdade da descoberta freudiana chega-se a um buraco fundamental, que nos coloca diante de uma topologia, um nó. E é como um quiasma que se impõe da psicanálise com a literatura que poderemos perceber um entrecruzamento que apregoa a relação transferencial do leitor com o texto, semelhante à transferência numa análise.

A letra, para Lacan (1971/2003), é o que o significante tem de marca, é rasura que nada representa. Diferentemente do significante, que representa, que faz cadeia e que ajuda a tecer o simbólico, a letra se detém, delineia um litoral entre o simbólico e o real, desenhando a borda do furo no saber. É litoral que vira literal. Litoral esse que se encontra entre centro e ausência, entre saber e gozo. A letra, portanto, encontra-se fora do jogo representativo, não representa; pelo contrário, detém-se em sua própria materialidade. Não forma cadeia, marca. Não engendra um sentido, faz furo. O texto de Perec parece transitar nesse litoral entre o simbólico da representação e a possibilidade da lógica matemática.

No percurso que se faz a partir de uma letra ("w") que atravessa, digamos assim, a fronteira de duas ficções diferentes, podemos reconhecer algo entre elas da ordem de uma inscrição. Esta, paradoxalmente, não cessa de não se inscrever. Ao escrever *W ou a memória da infância*, Perec mistura ficção, memória, infância e autobiografia, o que resulta num livro que permite analisar os efeitos de uma construção ficcional que conjuga individual e social. O título do livro superpõe uma letra ("w") e o tema das memórias de infância. Ana Costa (2015) entende a correspondência que haveria entre dois termos — a história ficcional e a autobiografia — como uma mútua exclusão constante na partícula *ou* do título: "*W ou...*". Segundo Ana Costa, podemos aqui evocar as proposições lacanianas a respeito da alienação/separação:

> As partículas que constroem "pontes" nas frases (e, ou) são as mesmas que nos dão notícias da relação do sujeito ao campo do Outro. Assim "w" é indissociável da memória da infância, ao mesmo tempo em que é aquilo que impede o trabalho de luto dessa mesma memória (Costa, 2015, p. 48-49).

No "w" desse livro de Perec, encontramos, seguindo os apontamentos de Ana Costa, uma referência específica do tema da letra em psicanálise. Essa questão é desdobrada por Perec de uma forma que possibilita estabelecer, nas relações que faz com o "w", a conexão "imagem, letra e significante". Ele relaciona a letra "w" aos desenhos que fazia no período em que escrevia uma história ficcional, aos 12 anos: vem do desenho de um homem serrando lenha num cavalete montado em duas bases formando a letra "x"; esse "x" se desdobra em dois "v's", compondo o "w" da ilha no texto ficcional — uma imagem, portanto, que, podemos dizer, interliga letra e signo.

> Com toda a complexidade que porta algo que se fixa num elemento, e que a escrita veicula como cifrado. Assim o "x" imagem se associa a uma letra-palavra — como se diz o "xis da questão", cuja imagem se desdobra em dois Vs — compondo o W da ilha. Também na cruz gamada nazista, ou mesmo na estrela judaica. Perec situa a relação com essa letra de quando seus desenhos não faziam enlaces (imagens "sem chão"). Nesse sentido, o W da narrativa não é articulador (como os "e... ou...", que antes destacamos, características da condição necessária de apropriação do sujeito no seu trabalho de alienação/separação ao

campo do Outro) [...]. É possível situar esta falta de enlace num último elemento a destacar da história de W: a relação com o nome próprio (Costa, 2015, p. 49).

O início da narrativa traz essa questão do nome próprio. Um desertor da guerra busca por documentos falsos, que vem a descobrir serem de outro que possivelmente ainda vive. O sistema de nomeação da ilha W, por sua vez, consiste no seguinte: W é uma ilha do esporte onde o nome de cada atleta é o que designa o nome da vitória na prova olímpica da qual o atleta participava, ou seja, todos que ganhassem uma prova passariam a ser chamados pelo mesmo nome. Portanto, conforme Ana Costa nos diz, "o que perderia num tal sistema é o que é 'próprio' do nome próprio: sua capacidade de nomear, enlaçar o sujeito a uma genealogia, implicando uma descendência: passado e futuro" (p. 49).

Lacan, como Freud, toma o "literário" para pensar o humano e os conceitos psicanalíticos. Inclusive naquilo que intitulou "a razão desde Freud", em um texto seminal em que se dedica à instância (autoridade, insistência) da letra: "Também o sujeito, se pode parecer servo da linguagem, o é ainda mais de um discurso em cujo movimento universal seu lugar já está inscrito em seu nascimento, nem que seja sob a forma de seu nome próprio" (Lacan, 1957/1998b, p. 498).

Perec, no ato de sua escrita, busca uma memória que o situe numa transmissão que ultrapassa o familiar. O ato aqui como o que situa o sujeito para além de uma produção de linguagem, numa reprodução incessante do instante de ruptura, numa repetição estéril da tentativa de cerzir o desmembramento provocado, de suturar uma origem, para que a produção da linguagem volte a se organizar. O ato, portanto, recoloca uma relação à memória, o que implica o sujeito nas diferentes formas de expressão desse acontecimento. A noção de ato que interessa indagar a partir da obra de Perec é da sua especificidade na psicanálise.

A transmissão depende da inter-relação entre inscrição, memória e identificação. Trabalharei a intersecção inscrição e memória. Perec fala, na ficção *W...*, de um acontecimento histórico, gerador de trauma social. Na sua obra, tenta dar conta do que se repete com relação ao seu movimento para inscrever esse acontecimento singularmente. E ao lê-lo percebemos que estamos incluídos aí. Um fator decisivo nos textos de Perec é que eles não deixam outra saída ao leitor senão uma entrada. É preciso colocar algo de si nessa empreitada da sutil relação da linguagem com o corpo.

Existe uma relação paradoxal entre memória e esquecimento. Relação que Perec explicita em seus textos, em sua utilização de artifícios linguísticos e matemáticos. Inclusive, é por meio desse paradoxo que resgatamos cada fragmento da vida que subitamente nos retorna, seja ela qual for. Aliás, a questão da memória é inseparável da questão da narração. E a literatura permite fixar algo por meio de uma ficção, a ficção da escritura. "A memória não se equivale ao acontecido, mas se apoia nele" (Costa, 2015, p. 55).

As lembranças da infância decorrem muitas vezes de uma fantasia que se cria quando a infância já acabou. Elas surgem mais tarde como uma história do passado num processo quase onírico de condensação e deslocamento e ressurgem modificadas, colocadas a serviço de tendências posteriores. A lembrança, assim, tem lugar em lugar da falta originária e estrutural da memória. Podemos dizer que o "w" é uma tentativa de preencher uma lacuna da história pregressa de Perec, tal como Freud trabalha ao analisar a biografia de Leonardo da Vinci, no seu texto "Uma lembrança de infância de Leonardo da Vinci" (1910), tentando pesquisar sua fantasia mais tenra. Sua tentativa é de traduzir a expressão dessa fantasia, a partir da famosa história do "melro", um pássaro preto que Freud trata como sendo um abutre, que visitou Leonardo ainda bebê, no seu berço, e lhe tocou a boca com a calda. As lembranças começam se embaralhar. Mas o que nos interessa desse estudo é como Freud, a fim de dar conta do que está entre o "fictício da fantasia" e o "real da lembrança", recorre a um outro sentido, fazendo a seguinte abordagem:

> Talvez não possamos esclarecer melhor sua natureza, a não ser se pensarmos no meio e na maneira pela qual a historiografia surgiu nos povos anti-

gos. Enquanto o povo era pequeno e fraco, não se pensava em escrever sua história; preparava-se a terra do país, defendia-se a existência contra os vizinhos, procurava-se conquistar um país e começar a enriquecer. Era uma época heroica e não-histórica. Então, começou uma outra época, na qual começou-se a refletir, a se sentir ricos e poderosos, surgindo então a necessidade de saber de onde se chegou até aqui e como isso aconteceu. A historiografia, que começara anotando as vivências fugidias do agora, também lançou o olhar para trás, para o passado, reuniu tradições e sagas, interpretou os primitivos de todas as épocas, por meio de seus hábitos e costumes e criou assim uma história dos tempos primitivos. Foi inevitável que essa história tenha sido, antes de tudo, mais uma expressão das ideias e desejos do presente do que uma reprodução do passado, pois muito da memória dos povos já tinha sido posto de lado, outras coisas já tinham sido distorcidas, muitos rastros do passado tinham sido equivocamente interpretados no sentido do presente e, sobretudo, a história não mais era escrita a partir de um motivo de um desejo de saber mais objetivo, e sim porque se queria causar impacto entre seus contemporâneos, estimulando-os, elevando-os, querendo mostrar-se como um espelho. A memória consciente de uma pessoa sobre as suas vivências da maturidade é então inteiramente comparável a esta historiografia, e suas lembranças infantis correspondem, realmente, segundo sua proveniência e preocupações, com a história posterior e tendencialmente arranjada da história dos tempos primitivos de um povo (Freud, 1910/2015a, p. 96-97).

A lembrança infantil se liga ao presente do sujeito, ao que ele pode fazer a partir da lembrança que tornou uma vivência da infância uma marca; e apesar das distorções e equívocos, a realidade do passado está inteiramente representada nelas. Freud comenta que é digno de nota que acreditemos lembrar de nossa infância: "de fato, por trás desses restos de lembranças, que nós mesmos não compreendemos, estão escondidos testemunhos inestimáveis de traços significativos de nosso desenvolvimento psíquico" (Freud, 1910/2015a, p. 97). Aqui temos indicativo do interesse de Freud em buscar as raízes infantis no processo de construção de uma obra. Contudo esse infantil não se revela diretamente. Ele surge de forma tortuosa e obscura, como uma imagem não disponível, e que só pode ser parcialmente recuperada. "Isso porque a intenção do artista nunca se realiza completamente, pois é atravessada pelos ruídos impostos pelo trabalho do recalque" (Sousa, 2015a, p. 319). Portanto, problematiza-se a viabilidade de uma tradução direta do psiquismo do artista na obra que ele realiza.

> Freud nos sinaliza que não é possível estabelecer um método de leitura da obra de arte sem levar em conta a diferença entre a intenção e a expressão do artista. Podemos dizer que é no que falha entre a intenção e a expressão que um campo rico de estudos se abre para a Psicanálise. Neste ponto, vemos em obra a divisão do sujeito, inaugurada por Freud quando propõe o conceito de inconsciente, indicando-nos que não há coincidência entre aquilo que o sujeito pensa e o que diz, entre o que diz e o que faz, entre o que intenciona e o que expressa. Assim, o que interessa em uma obra de arte é muito mais sua dimensão de rasura. Em outras palavras, é insuficiente recorrer às intenções do artista para decifrar os significados de suas produções (Sousa, 2015a, p. 319-320).

Parece ser dessa relação do artista com sua obra que Perec dá testemunho, quando faz do seu escrito um inacabamento.

W ou a memória da infância tem a seguinte epígrafe de Raymond Queneau: "Essa bruma insensata em que se agitam sombras, como eu poderia clareá-las?" Portanto, Perec inicia seu projeto autobiográfico buscando clarear as sombras e reviver as memórias de sua infância. Assim, escreve. Escreve para se percorrer e tentar inscrever os acontecimentos, entendendo sua ambição com a escrita do seguinte modo:

> Se eu tentar definir o que eu procurei fazer depois que eu comecei escrever, a primeira ideia que me vem ao espírito é que eu jamais escrevi dois livros semelhantes. [...] Minha ambição de escrever seria a de percorrer toda a literatura do meu tempo sem jamais ter o sentimento de voltar nos meus passos ou de caminhar novamente pelos meus próprios traços e de escrever tudo o que é possível a um homem de hoje escrever: livros grandes e curtos, romances, poemas, dramas, livretos de ópera, romances policiais, romances de aventura, romances de ficção científica, folhetos, livros para crianças (Perec, 1978 citado por Burgelin, 1988/2002, p. 11, tradução nossa).

Aqui podemos perceber sua necessidade de escrever, e seu propósito é audacioso, até megalomaníaco, com essa exigência contínua de movimentação e ultrapassagem, com essa ganância criativa. Ao mesmo tempo, a imagem de orientação continua a ser a do caminhante, marcada pela simplicidade e pelo senso de proporção, conforme comentário de Burgelin (1988/2002). Se Perec, escritor, teve a ambição de desenhar tantos cursos através do espaço literário, é para que as palavras lhe oferecessem novas formas de narrar, pensar, sonhar, se contar. Talvez uma tentativa de dar conta de algo que não se apresenta constituído como memória, a não ser na dispersão de seus elementos. E aqui entramos num outro ponto que pretendo abordar em relação ao escrito de Perec, que intitulo *poética do inacabável*.

2.1.2 A poética do inacabável e o silêncio compartilhado

> *A escrita é um traço no qual se lê um efeito de linguagem.*
>
> (Jacques Lacan – Mais, ainda)

Qual é a matéria da memória? As lembranças ou reminiscências de um tempo vivido adquirem uma substância somente se elas se submetem às ondulações do ato que encerra o tempo pensado. Tais ondulações rítmicas com as quais opera a observação e a percepção em face das falhas do tempo são as responsáveis pela propagação de uma memória, seja individual, seja social ou ainda coletiva. Assim revela Perec nos seus escritos, como em *Espèces d'espaces*, quando diz que não se pode viver o passado sem o encadeamento num tema afetivo do presente, tal como também afirma Bachelard (1957/1989, p. 51, tradução nossa): "reviver o tempo desaparecido é apreender a inquietude de nossa própria morte. [...] Só nos recordamos de algo ao proceder a escolhas, ao decantar a vida turva, ao recordar fatos da corrente da vida para neles colocar razões".

No seu projeto de escrita, Perec valia-se das descrições cotidianas que fazia, como quando se propõe a descrever o lugar onde viveu sua infância na França, como nas obras *L'infraordinnaire* (1973), *Je me souviens* (1978) e *Tentativa de esgotamento de um local parisiense* (1974). Nessas descrições, Perec constrói uma narrativa que interroga o habitual, lança um olhar ora distante, ora afetivamente próximo às ruas do bairro onde viveu, gerando escritos sistemáticos, ainda que triviais e fragmentários, sobre as fachadas das casas e dos imóveis, os calçamentos, os moradores. Interroga-se, mas a ponto de perceber desde as origens aquilo que esqueceu. Assim, personagem e cenário se fundem numa alquimia de reminiscências que fazem reinventar a cidade como interlocutora de suas memórias. Camadas de tempo se revelam no diário que identifica a cartografia das ruas, inventário do cotidiano; o infraordinário se revela e se traduz na observação das casas e ruas e no registro de paisagens sonoras. Em *L'infraordinnaire*, Perec lança a proposta de se fundar uma antropologia do nós, que, finalmente, falaria de nós, que procuraria em nós mesmos aquilo que foi, por longo tempo, pilhado dos outros, e se interroga: como nos darmos conta, então, da nossa vida ordinária, da nossa rotina? Como interrogar nosso cotidiano? Como descrevê-lo?

Perec (1989/2008) diz que não se trataria do exótico, mas do "endótico", ou seja, não mais do extraordinário, mas do infraordinário. Assim, parece que não é a alteridade que estrutura a metodologia do trabalho, mas o seu deslocamento na tentativa de inventariar as relações que são estabelecidas entre as pessoas e os lugares.

> Eu decidi fazer, a cada mês, a descrição de dois desses lugares. Uma dessas descrições se faz no próprio lugar e se pretende o mais neutra possível: sentado num café, ou caminhando na rua, com um bloco e uma caneta na mão, eu me esforço em descrever as casas, as lojas, as pessoas que eu encontro, as propagandas, e, de um modo geral, todos os detalhes que chamam minha atenção. A outra descrição se faz num outro espaço diferente desse lugar: eu me esforço, agora, em descrever os lugares da memória e evocar todas as lembranças que me vêm, sejam eventos que ocorreram nesse lugar, sejam as pessoas que eu encontrei (Perec, 1974/2000, p. 109, tradução nossa).

Numa insistência em escrever descrevendo, Perec produz um movimento que enlaça o leitor justamente no ponto da sua dúvida. Descrevendo, faz surgir a questão sobre uma busca que resultaria em memória. Enlaça o tempo nessa dúvida sobre onde vai chegar. Eis a sensação de inacabamento. Esse movimento nos permite discorrer ainda um pouco mais sobre a letra, tanto na relação ao significante quanto na relação ao real, pois se desdobram em tempos lógicos que fazem com que as condições de produção se modifiquem nesses diferentes tempos. O ato de nomear traz implicações para pensarmos a questão da inscrição, porque um nome não traz sentido, produz um lugar. O ato como inscrição guarda relação estreita entre sua produção e um lugar de endereço que está sempre se recolocando nas histórias singulares. E Perec, nomeando os lugares, numa descrição que o leva a construir suas memórias singulares, produz o movimento que vai do singular ao coletivo. É pela referência à inscrição que se constitui a cadeia significante, tanto suas possibilidades quanto seus limites. A memória vai se situar a partir de um ato que inscreve.

Freud, ao trabalhar as questões referentes à construção da memória, por exemplo na Carta 52, escrita para Fliess em 2 de novembro de 1896, trabalha a passagem da percepção à memória como inscrição de traços mnêmicos. Trabalho que possibilita entendermos que a percepção só faz memória desde que encontre um sistema de leitura inscrito primariamente. Ou seja, o que percebemos não se inscreve diretamente, somente produz traços que poderão ser relacionados a outros traços, na construção de um sistema. Podemos entender isso a partir da proposição freudiana da alucinação do seio. Essa alucinação é o representante primário que vai mediar sempre todas as experiências satisfatórias. Significa que o traço deixado pela ausência do objeto — nas relações primárias — é o responsável pela criação de todo um sistema de objetos, constituintes do que costumamos perceber como realidade. O que implica pensar que é responsável pela criação de representantes a partir dos quais se constitui todo um sistema de representações. A partir da leitura de Lacan, a inscrição, nesse sentido, será de significantes que possam responder como S1. Toda organização de nosso mundo é discursiva, resultante da constituição do laço social, e nossa leitura desse mundo é legada por diferentes discursos que precedem e recortam nossos sentidos. A linguagem do falante insere um saber no vazio que o signo porta. Perec, ao nomear o lugar da infância, num compartilhamento da escrita, ao percorrê-lo inscreve suas memórias, portanto, num processo de leitura.

Quero destacar, a partir do trabalho de Cláudia Amigo Pino, *A ficção da escrita*, a condição de inacabamento nos escritos de Perec, que a autora vai chamar de "poética do inacabamento". Mas para entrarmos nesse ponto, seria interessante, mesmo não sendo o objetivo principal, falar um pouco sobre a tradição literária, discorrer sobre o que seria, na literatura, um texto acabado.

Segundo Pino (2004), Jean-Louis Lebrave (1990) afirma que tanto a "situacionalidade" quanto a "informatividade" não têm cabimento para a literatura, a não ser, no caso da "informatividade", apenas como uma maneira pela qual os subsistemas do texto teriam uma ligação entre si, não tendo uma pertinência direta para a literatura; mas a aplicação de algumas de suas características poderia ajudar a chegar a uma noção de texto literário acabado: "O texto literário acabado deve ser tomado como um sistema estável, feito

UTOPIA DO INFANTIL EM GEORGES PEREC E A INFÂNCIA NA PSICANÁLISE

de elementos não-estáveis, que seja inteligível, pelo leitor. Ou seja, o texto pode ser acabado ou não, independente da "intenção" de publicá-lo por parte do autor" (Pino, 2004, p. 211).

Cláudia Pino trabalha com o livro inacabado de Perec, *53 Jours*,[22] tomando seus manuscritos. Ela afirma que mesmo o inacabamento do livro pela morte do autor, que o interrompe antes de terminá-lo, era intencional.

Mas então, classificamos *53 Jours* como um romance inacabado? Pelo nosso percurso, é mais acertado dizer que estamos diante de uma obra que tenta se aproveitar do seu aspecto inacabado e incluí-lo em seu sistema interpretativo. Assim, o livro contém o inacabamento dentro do seu próprio acabamento. A análise da gênese do romance indica que essa atitude foi reforçada no desenvolvimento da escritura, mas que ela existia desde os primeiros planos, como indicam, por exemplo, a inclusão de manuscritos logo nos primeiros fólios e a opinião desfavorável do editor sobre a consistência de *53 Jours*. Dessa forma, não é possível afirmar que o escritor foi incluindo o inacabamento à medida que pressentia que o romance não seria acabado. O inacabamento fazia parte de sua proposta inicial e, provavelmente, apenas ganhou importância com a morte do autor. Perec soube usar o seu desaparecimento como estratégia textual, coerente com o resto da obra (Pino, 2004, p. 222).

---

[22] Livro que Perec começa escrever em 1981, a partir de um contrato com e editora P.O.L, no qual se compromete a escrever um romance policial cujo título seria *53 Jours*, em homenagem ao tempo que Stendhal teria levado para escrever *A cartuxa de Parma*. Escrito no ano de 1839, esta é uma das duas obras-primas reconhecidas de Stendhal, e único romance completo, junto com *O vermelho e o negro*. A intenção de Perec era escrever o livro nos 53 dias em que ocuparia a função de professor-convidado na cidade de Brisbane, na Austrália, mas a sua escrita durou bem mais do que isso e jamais pôde ser concluída. Problemas de saúde o impediam de escrever tanto quanto gostaria e, no mês de fevereiro, recebeu a notícia de que estava com um câncer avançado no pulmão. Faleceu menos de um mês depois, no dia 3 de março de 1982. Até pouco antes de sua morte, Perec trabalhava na redação do romance. Essa última obra escrita por Perec chegou ao público em 1989, em uma edição realizada pelos escritores oulipianos Jacques Roubaud e Harry Mathews (Pino, 2004).

A autora salienta a possibilidade de o livro "propor" uma poética do inacabado, em vez de sê-lo simplesmente por acidente.[23] Segue dizendo que para Perec "a noção de autoria estaria ligada à produção de um objeto instável, em movimento" (p. 223), argumento que coincide com outras obras suas. Para Pino, mesmo que nem todos os livros de Georges Perec pareçam inacabados de uma forma tão explícita quanto *53 Jours,* acabam expressando mais do que isso, uma "poética do inacabável". Isso ocorre na maioria das obras criadas a partir de restrições formais rígidas, como em *O sumiço,* em que escrever com uma restrição e revelar essa restrição (uma obrigação para os membros do Oulipo) implica o leitor no processo de criação e o convida a continuar sua empreitada. Também em *W a memória da infância,* segundo Pino (2004), poderíamos considerar a integração final do leitor como uma forma de inacabamento, ou de continuidade necessária da narrativa. Já que, segundo aponta Philippe Lejeune, quando o livro termina a sua lista de lembranças de infância e o seu relato do mundo "W", o leitor tem a responsabilidade de unir esses pedaços de fantasias, sonhos, reconstruções e tentar criar, ele mesmo, uma memória possível. "É uma leitura que exige um longo silêncio após seu final. Esse silêncio é a palavra do leitor tentando se escrever" (Pino, 2004, p. 223).

Outra obra que também propõe a continuação permanente da escritura após o seu ponto final é *Le voyage d'hiver* (*A viagem de inverno*). Esse trabalho, que é um conto de quatro páginas, trata-se de um livro perdido, escrito por um certo Hugo Vernier, e que tem igualmente por título *A viagem de inverno,* uma impossível prefiguração de poesia de fim de século 19. Na história, o professor que encontrou o livro não teve tempo de identificar todos os poetas que poderiam ter plagiado Hugo Vernier. É o leitor que terá de cumprir tal tarefa, podendo fazer parte deste livro infinito pela quantidade de livros incluídos, pensando várias continuações para a história. O livro é dividido em duas partes. Na primeira, de forma anedótica, narra-se a descoberta de um livro impossível. O personagem

---

[23] Para Pino (2004), essa ideia tem o reforço de um comentário de Jacques Roubaud sobre sua última conversa com Perec, na qual este dissera ter tentado terminar o livro.

UTOPIA DO INFANTIL EM GEORGES PEREC E A INFÂNCIA NA PSICANÁLISE

Degräel encontra um livro em sua biblioteca, e esse livro, que muito lhe interessa, está dividido em duas partes: a primeira (primeira história) não é a principal, mas esconde e dá dicas em relação à segunda parte, essa, sim, o centro do mistério, fazendo uma descrição sobre a importância desse livro no contexto histórico e literário. O livro faz citações e plágios de autores como Flaubert, Rimbaud e outros, mesmo tendo sido escrito muitos anos antes da existência de qualquer um desses autores (em 1864), aplicando, assim, segundo Fux (2016), um conceito de inversão do tempo. "Rico em citações, plágios e empréstimos, o conto mostra um Perec preocupado com a literatura e com conceitos literários, escrevendo um conto ficcional para retratar um fato ou teoria literária, uma recursividade literária em sua própria literatura" (Fux, 2016, p. 230).

Portanto, *A viagem de inverno* pode ser lido como uma ficção de um princípio oulipiano: o plágio por antecipação. Segundo Fux, numa espécie de variação borgiana sobre a reversibilidade do tempo. *A viagem de inverno* é escrito por um jovem escritor desconhecido do século 19, Hugo Vernier, que revela que o livro seria a fonte na qual teriam se nutrido três ou quatro gerações de autores, mas ele desapareceu e não deixou pistas. A busca do personagem Vicent Degräel por um livro e por um escritor que seria a referência do plágio de quase todos os escritores do século 19 é confirmar o plágio como fonte principal da literatura.

Podemos indagar a ideia do texto infinito e dos plagiadores por antecipação à luz da psicanálise, a partir do trabalho de Lacan, ao tomar a estruturação do inconsciente funcionando como uma linguagem, ou quando trabalha o conceito de *letra*. Cabe retomá-lo neste ponto para salientar que com esse conceito Lacan retoma e reelabora a concepção de *inscrição psíquica,* radicalizando a relação entre escrita e inconsciente ao estabelecer entre eles mais do que a analogia inicialmente proposta por Freud, mas uma fundamentação que embasa o funcionamento psíquico de modo indissociavelmente atrelado à linguagem. O conceito de *letra* — que demarca a inscrição psíquica e seu funcionamento mental como uma linguagem — vai adquirindo sucessivas formalizações ao longo da obra de Lacan, nas quais inicialmente é quase indiferenciada do significante e, mais ao final, vai se aproximando do real e do gozo, dizendo respeito ao que *não cessa de não se escrever* na repetição pulsional (Lacan, 1972-1973/1985).

Desde Freud podemos considerar a intervenção clínica como uma operação de decifração. O paradoxal exemplo da escrita de Perec nos oferece um exemplar indício do quanto buscamos continuidade no resgate de memórias que nos tornem sujeitos de uma história contada bem antes de existirmos, e que, assim, somos o resultado entre *isso* que se mostra nas *formações do inconsciente*, insistindo em uma enigmática repetição, e a possibilidade de sua elaboração no efeito de retorno do inconsciente. Assim, o enigma que o texto lança faz do leitor o portador da resolução desse enigma; no entanto, na medida em que ele, leitor, faz-se portador de um enigma, passa a ser tributário de um saber, que sempre falseia, e é sempre o ato da leitura que reintroduzirá para o sujeito a questão de como retomar esses traços inscritos para produzir algo a partir deles. A ideia do plágio pode aludir ao fato de que, assim como para a psicanálise, a literatura pode possibilitar que um texto não nos fale somente dos outros, mas do outro em nós.

Agora será possível discorrer sobre a terceira conexão que busco por meio da obra de Perec.

UM FIO...

Tomemos o fio. Começo contando a minha história com um livro, e hoje, percebo, é o livro que fica quase na condição de condutor, tanto da energia para ir adiante quanto do choque que faz parar, mesmo que por instantes, dias, meses.

Acho que a delicadeza é esse fio que nos coloca entre o abismo e sua borda. Vez ou outra, só não despencamos abismo abaixo porque nos seguramos nesse fio, ficamos um tempo sem nos mover e, ao retornarmos, podemos chegar na beira. As crianças brincam na borda com tamanha destreza. Seria essa destreza o que resulta em delicadeza? Quase como se o mundo da infância fosse esse tempo para se ocupar do escuro, dos restos, dos abismos e das bordas. Material da escrita que pode surgir depois... Narrativa da experiência de ser o próprio espaço.

O fio do desejo se impôs. Pensar a infância como deslocamento para questionar se o infantil funcionaria como operador, e, também, como vivências na infância ganham estatuto de experiência? Mas por que tal questão insiste? E se insiste, tem algo a dizer.

Na obra de Perec, primeiramente com o livro W ou a memória da infância, encontro a navalha cortante que deixa à mostra o que é meu, mas também do outro. Portanto, o trabalho de pesquisa em psicanálise antecipa uma postura que envolve uma certa renúncia à posição de saber e um deslocamento de ênfase, ou de poder, do autor para o objeto da reflexão – no meu caso, a obra de Perec e os conceitos psicanalíticos –, ativando, assim, o que nos liga ao outro, àquilo que é capaz de fazer parte de um "corpo comum". Como nos diz Montaigne "nunca estamos em nós, estamos sempre além", e, penso eu, sempre em transferência. A transferência é um conceito da psicanálise que atualiza o inconsciente no sentido de que, ao tomar o texto numa determinada temporalidade, é possível recortá-lo, situar a sua singularidade e ligá-lo à cultura. Esse é o meu processo com a pesquisa a partir da escrita de Georges Perec.

Ao narrar estamos sempre em transferência, o que possibilita a escrita da perda. A transferência é uma zona híbrida articulada com diferentes saberes e com a narratividade que se movimenta a caminho da dissolução da experiência. No caso do meu trabalho, o infantil é o escuro que se revela pelo fio que liga a borda ao abismo, amparado pelo Outro.

Uma voz, guiada pelo cheiro do mofo, diz: "segue o fio". E o fio é o resto do corte. Sabe quando se corta determinados tipos de tecido, como a seda, por exemplo? Ficam fios sobrando bem na linha do corte. Este fio não deve estar no escrito. Quer dizer, está no escrito, porém não revelado. Então, apresento o não escrito.

A dificuldade faz construir muros. Parece que a obra de Perec destrói esses muros nos implicando com o escuro do tempo. Assim, podemos encontrar a voz que embala, uma força para adiante, sempre tênue, mas que sustenta porque se guia pelo fio do corte no tecido formado pelo passado. Eis a utopia?

A memória é minha, mas só é resgatável através do compartilhável da história que escreve Perec.

Pensar as memórias da infância é entrar no escuro da memória, onde a luz não ilumina demasiado e o excesso de sentido não apagou a capacidade narrativa do sujeito. Poder contar implica conseguir inventar. Por isso o escuro e o mofo. Se posso criar, é pelo mofo do tempo...

POR UM MOMENTO

Fotografar a ausência... Por quê? Levanto--me, o olhar volta e fixa no que deixei, desejo de continuar – interrupção...

Fotografo. Seria para capturar alma na imagem?

Escrever prende de tal forma que invade. Força que nos coloca impulsionados. Mas um filho chama – subvertendo a lógica temporal do instante e resgatando a mãe que escapava pelo escrito, esvaindo-se em tinta pelo papel. Talvez o filho faça isso, nos devolva, constantemente, à vida. Ao cotidiano fazer, apontando para onde o mundo acontece.

2.1.3 Propagação: infantil e utopia

Utopia e infantil é o mote deste trabalho. Mas, neste tópico, quero propor a ideia de propagação para especificar alguns pontos da relação com a utopia.

Como a ideia de inacabamento, trabalhada no tópico anterior, faz relação com o infantil e a utopia? Neste trabalho a ideia de inacabamento nos ajuda a pensar a infância como um tempo em que nos constituímos pela relação ao saber, numa busca pelo saber, e o infantil é o que dessa busca resulta em um processo de constante movimento para criar, construindo memórias, ficções, produzindo esquecimentos, justamente pela impossibilidade do acabamento, de encontrarmos o todo, o fim. Seria possível dizer que o infantil é o traço do enigma em nós. E o que se propaga é a leitura. Leitura que o inacabamento provoca. Paradoxo que movimenta.

Comentei anteriormente a ideia de plágio. Perec subverte a ideia de plágio colocando-a numa condição de possibilidade para a escrita. Sua ideia é a do leitor como plagiador por antecipação. É na leitura que a repetição pode ser percebida — plágio, assim, numa condição do que se repete. Ao mesmo tempo, a leitura contém o desaparecimento, algo sempre cai. Sem leitura não há queda, sem luto não há perda, sem infância não há deslocamento. A infância ganha um estatuto de lugar necessário ao sujeito, inevitável, por introduzir uma relação com a linguagem, independentemente da época que se localiza na história. E no processo de uma análise, desloca-se a infância de cada um, propagando o infantil como um sulco, vestígio deixado por uma passagem, e não uma ocupação positivada.

Sabemos que a inscrição do sujeito enquanto *falasser*[24] certamente retorna e se retoma no ato de ler o texto escrito. O ato de leitura reintroduzirá o enigma para a criança (Bergès, 1991), enigma em relação ao qual será preciso articular um saber-fazer. Gérard Pommier (1996) fala que o ato de escrever gera angústia

---

[24] Em francês, *parlêtre*. Ao pensar a possibilidade de uma relação entre saber e gozo, Jacques Lacan introduz a noção de *falasser*, termo que condensa o sujeito do significante com a substância gozante, e inclui na noção de sujeito o corpo (Lacan, 1975-1976/2007).

diante da folha em branco, confrontando-nos com o velho exercício dialético da alienação-separação. Assim, colocamo-nos a pergunta sobre como, a partir dos traços inscritos em nós, produzir algo. Ao escrevermos, acaba comparecendo um estilo próprio de escrever, uma repetição, que se revela por todas as nossas insistências devido ao que em nós se repete em torno de um real que *não cessa de não se inscrever* — propagação.

Para se inscrever é necessário espaço. Espaço da folha, espaço do corpo, espaço da cidade... Espaço da análise... Espaço. Como um espaço se constitui? Qual a relação do espaço com o tempo? O significado da palavra contempla uma extensão ideal, sem limites, que contém todas as extensões finitas e todos os objetos existentes e possíveis. Portanto, um infinito demarcado. Como se limita o espaço? Criamos espaços, delimitamos espaços, buscamos espaços, abandonamos espaços. Perec, no livro *Espèces d'espaces*, fala sobre escrever e ler o espaço. O espaço e o tempo. O tempo e o espaço. Duas categorias que servem para explicar toda realidade, duas coordenadas que se entrecruzam para dizer algo antes indefinido, inexistente. Não podemos conceber o espaço como totalidade, e sim como fragmento, iniciando assim uma dinâmica extensiva que faz com que o todo espacial se assimile ao fragmento, de modo que pensar o espaço é estabelecer, já de entrada, um ordenamento das ideias que respondam a essa fragmentação propriamente dita do objeto espacial.

A visão do fragmento, sua análise e enunciação, assim como a síntese dessa fragmentação que se opera sistemática e continuamente na realidade, são temas da literatura perequiana. Perec, ao falar sobre seu livro *Espèces d'espaces*, no prólogo, diz que o objetivo do livro não é o vazio, mas o que existe ao redor, o dentro. Porém Perec diz que não tem grande coisa.

> Não tem grande coisa: o nada, o impalpável, o praticamente imaterial: a extensão, o exterior, o que é exterior a nós mesmos, aquilo em meio ao qual nos deslocamos, o meio ambiente, o espaço do entorno. O espaço. Não os espaços infinitos,

aqueles cujo mutismo, por força de prolongamento, acabam provocando algo que parece medo, nem os já quase domesticados espaços interplanetários, intersiderais [...], mas espaços muito mais próximos, ao menos em princípio: as cidades, por exemplo, os campos, os corredores metropolitanos, ou um jardim público. Vivemos no espaço, nestes espaços, nestas cidades, nestes campos, nestes corredores, nestes jardins. Parece evidente. Deveria ser efetivamente evidente. Porém não é óbvio, não cai pelo peso. É real evidentemente, em consequência é verossimilmente racional. Você pode tocar. Você pode mesmo se abandonar aos sonhos [...] em uma época, sem dúvida, muito distante, para que nós tenhamos guardado uma recordação suficientemente precisa, não havia nada disso: nem corredores metropolitanos, nem jardins, nem cidades, nem campos. O problema não é tanto o de saber como temos chegado, senão simplesmente reconhecer que chegamos, que estamos aqui: não tem um espaço, um belo espaço, um belo espaço ao redor, um belo espaço ao redor de nós mesmos, tem quantidades de pequenos pedaços de espaços, e um desses pedaços é um corredor metropolitano, e outro desses pedaços é um jardim público; outro (aqui entramos rapidamente em espaços mais particularizados), de tamanho bastante modesto em sua origem, tem conseguido dimensões colossais e acabou sendo Paris, enquanto um espaço vizinho, não menos dotado em princípio, ficou satisfeito com ser o Pontoise. Outro muito, muito maior e ligeiramente hexagonal, tem sido rodeado de uma linha de pontos (inumeráveis acontecimentos, alguns deles particularmente graves, tem tido sua única razão de ser no desenho destas linhas de pontos) e se decidiu que tudo que se encontra *dentro* da linha de pontos estaria pintado de violeta e se chamaria França, enquanto tudo que se encontrava *fora* da linha de pontos estaria pintado de uma cor diferente (porém fora desse hexágono não se tinha a tendência de colorir de modo uniforme. [...] No fim das contas, os espaços têm se multiplicado, fragmentado e diversificado. Existem de todos os tamanhos e espécies, para todos os usos e para todas as funções. Viver é passar de um espaço ao outro fazendo o possível para não se bater (Perec, 1974/2000, p. 24-25, tradução nossa).

Nesse livro, Perec vai escrevendo sobre suas lembranças, desde poemas lidos muitos anos atrás e lembrados tempo depois, de alguns ele indica o ano em que leu e o ano em que foi lembrado, canções infantis etc. Aponta, assim, para registros de uma história. Acaba, nesse movimento, contribuindo para uma contestação, que também encontramos em Freud e em Lacan, da não historicidade do sujeito, o que abre uma perspectiva de articulação, podemos dizer, entre estrutura e história. A historicidade do sujeito não é o norte na psicanálise, mas os significantes são marcados pela história e compõem o inconsciente que é estruturado. Lacan propõe, no texto "Subversão do sujeito e dialética do desejo" (Lacan, 1960/1998c), um sujeito para além da consciência, a partir do reconhecimento da estrutura da linguagem no inconsciente.

Lacan (1972-1973/1985), no seminário *Mais, ainda*, quando fala da função do escrito, afirma que "não há nenhuma realidade pré-discursiva. Cada realidade se funda e se define por um discurso" (p. 45). Ele segue dizendo que "trata-se de saber o quê, num discurso, se produz por efeito da escrita" (p. 47). A escrita, assim, funciona como um limite, um barramento, pois, segundo Lacan, o escrito não é algo para ser compreendido. A partir disso, poderíamos dizer que a escrita barra pelo efeito de leitura. O limite da escrita está na sua leitura. E o efeito da leitura de textos como os do Perec convoca o leitor à *atividade*, tendo que se desacomodar para construir as conexões, interrompendo a continuidade, a partir de uma leitura singular, que lança o texto num porvir de outras leituras. Mantendo não somente a abertura, mas também o fracasso da tentativa de apreender os sentidos, os significados. Seus textos, escritos a partir de restrições, vão além de um enredo intrigante, voltando-se para o ato da escrita e os jogos de linguagem que apontam para a própria língua, porém a mutilando, como no livro *O sumiço*. É no limite da língua que surge o discurso; a linguagem se aperfeiçoa, digamos assim, quando se trata de jogar com a escrita. E, assim como o ato analítico, a escrita tem estrutura de ato justamente porque produz um efeito de corte, e justamente por esse efeito é falha e imperfeita.

Assim, proponho pensar que o efeito da leitura do escrito de Perec produz, como o faz também a utopia, um espaço na excessiva realidade. Mesmo quando descreve os lugares, buscando cada detalhe, ou quando descreve as fotos ou os acontecimentos, Perec produz no leitor a estranha certeza da impossibilidade de repetir, de reparar ou restituir o vivido. E é justamente essa impossibilidade que nos lança ao novo. Ernst Bloch, em *O princípio esperança*, diz que ansiar é a única condição sincera de todos os seres humanos. Não existe ânsia sem o espaço produzido por algo que claudica e cai. Pois, num escrito que trabalha com as ausências, tomando a via pelo efeito no leitor, independentemente de avaliar as questões subjetivas do autor com relação ao seu escrito, encontramos um efeito de utopia justamente pela produção de uma leitura topológica, moebiana, quando lança a ausência numa presença, ao mesmo tempo como repetição e como ruptura. Possibilita ao leitor submeter-se às condições de um exercício de linguagem em que, ao mesmo tempo em que produz, é produzido por ela: efeito de suas formações.

Segundo Bloch, o novo nunca é inteiramente novo. Justamente por essa condição, o novo refere-se ao enlace dos três tempos. É esse enlace que impede que fiquemos numa contemplação, presos num tempo único. O excessivo é a contemplação, pois impede deslocamentos. "Um futuro do tipo autêntico, aberto como processo, é inacessível e estranho a toda mera contemplação do passado" (Bloch, 1954/2005, p. 18). A utopia, segundo Bloch, toma o passado como possibilitador da construção criativa, justamente no sentido de que não há um porvir sem conhecer o passado na sua condição de ainda vivo, ainda não liquidado. Em consonância com esse pensamento utópico, toma-se a infância como deslocamento de um porvir, e não como a mítica contemplativa de um tempo de ouro (a partir dessa contemplação se pensa um mundo feito, acabado, apreciado apenas de modo passivo, construção de um "supramundo" projetado para um futuro que já se sabe de antemão, um mundo adulto por excelência).

No texto de Ernst Bloch, podemos ler a ideia de infância como uma construção do adulto que virá, sem defini-lo previamente, mas como o caminho para chegar num futuro, sem determinação de onde se deve chegar, o que resulta num processo constante de criação (aqui, em vez de invenção, aludindo à observação de Ricardo Rodulfo (2008) sobre Winnicott, que escolheu outro termo para falar da propriedade do brincar, que é dar vida — criar). Para a psicanálise, a criação na infância resulta no infantil, que segue operando as formações inconscientes dos sujeitos independentemente da idade. Brincar é o "gesto espontâneo", afirma Rodulfo (2008), a partir de Winnicott. Gesto que já está na mão curiosa do bebê a partir dos seis meses, e que materializa sugestivamente o que já estava ali, antes de contar no plano da experiência, mas que produz encontro, encontro com o encontro, ou seja, quando o gesto do bebê encontra do outro lado um outro gesto. Alegria do encontro. Então, só é possível se lançar ao futuro percorrendo a infância, deslocando o vivido desde tempos imemoriais. Entendo que é disso que nos fala também Bloch em *Princípio esperança*, quando diz: "Movimento-me. Desde cedo na busca. Completamente ávido, gritando. Não se tem o que se quer" (p. 29). Eu diria, por isso é possível o encontro.

Para Perec, o trabalho da memória pode ser provocado. E parece que essa provocação ao trabalho que resultaria na memória ele faz nos jogos que propõe, como um gesto que, ao encontrar o leitor entre os livros, cria o espaço de compartilhamento do vivido. Perec, no livro *Je suis né*, diz que a pergunta não é por que continuar, nem por que não consigo continuar, mas sim "como continuar?". Pergunta que põe a trabalhar e, parece, põe Perec a produzir sua obra, encontrando na literatura espaço de litoral, continência para a angustia que tal questão pode produzir. Assim, para além de responder, produz mais labirintos a serem desvendados, colocando em jogo o fracasso em responder. Produzindo algo como a função utópica que é paradoxalmente seu fracasso, segundo Edson de Sousa, no sentido de que vale por aquilo que nos aponta do nosso fracasso em falta com a imaginação (Sousa, 1990). Apontando justamente o que fica interrompido na relação com a história, ou em relação às imagens que o vivido comporta.

A importância dessa não completude, resultado de um fracasso (de lembrar, por exemplo), associa-se à ideia de utopia iconoclasta, que é de resistir em representar o futuro. Edson traz os argumentos de Frederic Jameson num livro clássico para pensar a utopia, *As sementes do tempo*: "O que nós não somos capazes de desejar ou de trazer para a figuração narrativa do sonho ou da fantasia utópica é muito mais significativo e sintomático do que os três desejos existentes de fato" (Jameson, 1997 citado por Sousa, 1990, p. 95). Portanto, podemos concluir "que o discurso utópico não tem por função uma enunciação do desejo" (p. 95). Segue-se o argumento de Jameson:

> [...] a vocação da utopia é o fracasso, o seu valor epistemológico está nas paredes que ela nos permite perceber em torno de nossas mentes, nos limites invisíveis que nos permite detectar por mera indução, no atoleiro das nossas imaginações no modo de produção. Concluímos, portanto, que a utopia mostra aquilo que não podemos imaginar. Só que não faz pela imaginação concreta, mas sim por meio dos buracos no texto (Jameson, 1997 citado por Sousa, 1990, p. 96).

Gostaria, ao me encaminhar para o final deste tópico, de trabalhar algumas observações sobre a condição infantil atual, que faz relação com as considerações anteriores.

Philippe Ariès, em *História social da criança e da família* (1960), traz como o conceito de infância começou a ser construído nos séculos 16 e 17. Mais tarde, Neil Postman (1982/2005) vai indicar o desaparecimento da infância como consequência do ambiente informacional eletrônico, que acabaria também por fazer desaparecer a idade adulta. Segundo Postman, carecemos de conceptualização clara do que seja uma criança e um adulto. Ele sugere que são lugares que atualmente se confundem. Existem três etapas da vida e suas configurações: num extremo, os recém-nascidos; no outro, os senis; no meio, o que podemos chamar de adulto-criança, jogado numa condição em que aceita como normal a necessidade de satisfação imediata. Não vou discutir detalhadamente esses pontos, mas menciono que o efeito dessa condição adulto-criança possibilitou fazer referência ao "País do brinquedo" referido por Agamben em *Infância e história*: "O homem não é um ser histórico porque cai no tempo, mas, pelo contrário, somente porque é um ser histórico ele pode cair no tempo, temporalizar-se" (Agamben, 1979/2005, p. 119). Uma crítica do instante seria a condição lógica de uma nova experiência do tempo.

> Existe, porém, uma experiência imediata e disponível a todos em que uma nova concepção do tempo poderia encontrar o seu fundamento. Esta experiência é algo tão essencial ao humano, trata-se do prazer. Aristóteles já havia percebido que ele não é homogêneo à experiência do tempo qualificado e contínuo [...]. Isso não significa que o prazer tenha o seu lugar na eternidade. A experiência ocidental do tempo está cindida em *eternidade e tempo linear contínuo*. O ponto de divisão, através do qual estes se comunicam, é o instante como ponto inextenso e inapreensível. A esta concepção, que condena ao fracasso toda tentativa de dominar o tempo, deve-se opor aquela outra segundo a qual o lugar próprio do prazer, como dimensão original do homem, não é nem o tempo pontual contínuo nem a eternidade, mas a história [...]. A história, na realidade, não é, como desejaria a ideologia dominante, a sujeição do homem ao tempo linear contínuo, mas a sua liberação deste (Agamben, 1979/2005, p. 125-126).

Entremos no mundo do brincar, que é diferente do mundo dos brinquedos e nos ajuda a pensar a relação do tempo com a utopia. Para tanto, podemos diferenciar brincar, brinquedo e brincadeira a partir da leitura de Ricardo Rodulfo em vários de seus trabalhos, como no texto "Encontros: sonata para psicanálise a várias vozes" (Rodulfo, 2008)[25], onde encontramos subsídios para pensar tais

---

[25] Agradeço à Prof.ª Dr.ª Sandra D. Torossian por me apresentar essas leituras.

diferenças. O brincar aproxima-se à ideia de "gesto espontâneo", espontâneo e criador, como o que já estava ali, no bebê, quando ele tenta alcançar o mundo com sua mãozinha a tatear, vamos dizer, desde o útero. Já estava sem estar, sem contar no plano da experiência humana. Rodulfo (2008, p. 111) diz: "Gesto espontâneo e criador. Porém, não solipsista". Ele faz alusão ao comentário de Winnicott sobre o tremor evocado pela frustração de um gesto quando não encontra nada do outro lado. "O encontro não é com a satisfação, nem com o prazer, nem com a realização de um desejo postulado incestuoso: é com o encontro" (p. 111). Perseguindo o leve rastro da sutileza, desviamos de uma conduta desenvolvimentista para pensarmos a adaptação à realidade,

> [...] pedra angular à qual sempre ficará referido "o inconsciente", o "ingresso" em uma ordem sempre em precedência: a primeira delas, deixada à sua própria sorte, se tornaria o equivalente da simples obediência; o segundo correria o risco de ter o mesmo destino, se aquele que ingressa não pode estabelecer suas condições e só vale como objeto — passivo — de desejo, quando não de gozo; e a precedência de um ordenamento histórico — mítico não pode *ganhar vida* — "a vida própria dos signos", de Saussure *dixit* —, não pode vir a preceder sem essa labareda imprevisível, acontecimental, do gesto, que, ao tropeçar com ela, a cria, a faz viver (Rodulfo, 2008, p. 111).

Brincar – gesto espontâneo. Brincadeira – gesto com o outro. Brinquedo – resultado do brincar. O brincar tomado como um gesto espontâneo possibilita dizer que ele parte dele mesmo, sem necessidade de um sentido; não preenche nenhuma falta, não é falta nem sombra, acontece. O brincar consiste em animar o inanimado; sem desejo de brincar não tem desejo de saber. Portanto, o encontro é o estado natural do brincar, que coloca em movimento, que anima o porvir.

Quando o *entre*, referido anteriormente, funciona, ou seja, produz encontro, o gesto alcança ser ato, ou ainda, ação específica.

O bebê, quando encontra retorno, repete a ação, e, assim, propagam-se encontros.

> Pois bem, esse gesto que não pode ser causado nem predeterminado em seu decurso — do qual não sabemos nem quando nem aonde nem como, apenas "sabemos" que ele terá existido em um abrir e fechar do tempo — em um gesto de jogo. Só essa referência o abrange, não bastaria para nada dizer que é "sensório--motor" ou "instinto"; além disso, é gratuito a respeito de qualquer "necessidade" positivista [...]. Também não se trata de defini-lo reacionalmente a um ente metafísico ou a uma ontologia do outro. Nenhum outro nem outra "dá" o brincar, facilita ou obstrui, o que é uma outra coisa. E esse gesto de jogo está saturado de alegria. "Seu" afeto é a alegria. Não pode ser lido a não ser como preconceito fechado como "defesa" contra a angústia, ou o retorno dela. Se ela dominar, poderá haver grito, mas não brincar, nem grito alvoroçado do brincar (Rodulfo, 2008, p. 112).

A psicanálise ainda precisa avançar nessa problematização do lugar do brincar, lugar de gozo, júbilo, alvoroço, entusiasmo, humor, alegria, dando-lhe prioridade como o que anima desde o mais primitivo, no sentido de primordial tempo de um sujeito. Aqui tomado como um lugar/não lugar, utópico na medida em que não promete, apenas é e acontece. É esse o sentido do brincar que está presente como matéria-prima do infantil. Sabemos que não é suficiente considerar o brincar desde suas emergências mais primordiais, como o gesto para entrada na vida anímica. Vai se colocar por sinuoso caminho, não sendo uma via régia ou estrada principal. Pois a psicanálise equipara a vida anímica à palavra — como algo exclusivo do campo da palavra. Mas não temos dúvida, ao nos aproximarmos de um bebê, de que se trata de um outro, e não de um organismo, e é o desabrochar de seu brincar (uma sonoridade já musical, por exemplo, não um gesto despojado de subjetividade) "e seu ir se fazendo nos enredos de um entre a cuja existência se abre toda a sua sensibilidade [...] já que nasce e se ativa ali" (Rodulfo, 2008, p. 112).

O brincar é como o *Holzwege* de Heidegger, obra traduzida para o português como *Caminhos da floresta*. Heidegger inicia sua obra comentando a origem do termo *Holzwege*: *Holz* (madeira, lenha) é um nome antigo para *Wald* (floresta). Na floresta (*Holz*) há caminhos que, na maioria das vezes, são sinuosos, terminam perdendo-se subitamente no não trilhado — chamam-se caminhos da floresta (*Holzwege*). "Os lenhadores e guardas florestais sabem que estar num *Holzwege* significa, sem equívocos, trilhar um caminho que não conduz a parte alguma. A ideia em alemão é esta: de caminho perdido, caminho perdido e pouco seguro, a de meter-se por atalhos" (Heidegger, 1950/1998, p. 3).[26]

Esses "caminhos da floresta" talvez não levem a parte alguma. Mas valerão sempre a pena, por si só, apenas pela viagem em que a miragem de "Ítaca não é mais do que um pretexto para a tanto quanto possível interminável Odisséia do audacioso Ulisses" (p. 4). Podemos dizer que o que faz caminho é o desejo de chegar, desejo que tem suas faíscas lançadas no encontro mais primordial e que segue sendo na condição da brincadeira, que faz um convite ao brincar, essa energia que permanece no infantil em nós e se manifesta na criação cotidiana. Semelhante ao que Marcel Duchamp chama de "arte em estado bruto", para dizer que o "coeficiente artístico" não se refere somente à grande arte, mas que se liga ao mecanismo subjetivo que produz arte em estado bruto — ruim, boa ou indiferente.

> O que quero dizer é que a arte pode ser ruim, boa ou indiferente, mas, seja qual for o adjetivo empregado, devemos chamá-la de arte, e arte ruim, ainda assim, é arte, da mesma forma que a emoção ruim é ainda emoção (Duchamp, 1965/1975, p. 73).

Portanto, entendo o "coeficiente artístico" do qual fala Duchamp como o brincar, que também Freud trabalha, quando diz que devemos procurar os primeiros indícios da atividade poética e artística

---

[26] Sabemos que uma floresta não é um parque, os caminhos não estão definidos. Cada um segue separadamente, mas na mesma floresta. Parece muitas vezes que é igual, que é um igual ao outro. Porém apenas parece assim. Por isso em francês optou-se por traduzir como *Chemins qui ne mènent nulle past* (*Caminhos que não conduzem a lugar nenhum*).

nas crianças. "Toda criança brincando se comporta como o poeta" (Freud, 1908/2015b, p. 54). No "coeficiente artístico" está o "gesto espontâneo" que poderá resultar, adiante, em um "ato criador". Por isso, Freud expressa que o último poeta deverá morrer com o último homem. No ato criador, o artista passa da intenção à realização, por meio de uma cadeia de reações totalmente subjetivas, diz Duchamp.

Duchamp esclarece que o "coeficiente artístico" é uma expressão pessoal da arte ainda em estado bruto que não passou pelo "refinamento" do público: "o Índice deste coeficiente não tem influência alguma sobre tal veredicto. [...] o ato criador não é executado pelo artista sozinho; o público estabelece o contato entre a obra e o mundo exterior [...]" (Duchamp, 1965/1975, p. 74).

O que quero problematizar, lançando essas ideias trabalhadas até aqui sobre infantil e utopia numa condição de propagação, é que sempre nos perguntamos sobre o que nos anima. A obra de Perec coloca o tempo todo essa questão e sugere que o que importa não é se perguntar por que continuar, mas sim como continuar. Essa energia primordial nos impulsiona e talvez seja o que ganha vida, mesmo diante de tragédias como as da guerra, da fome, da miséria e da violência. Os profissionais que trabalham com bebês, e tive a possibilidade de trabalhar numa UTI neonatal,[27] podem verificar a força desse gesto primordial que gera vida e se revela sempre que nos dispomos a brincar, fazer arte, o infantil falando em nós.

Lembro-me da exposição *As meninas do quarto 28: uma história de esperança, amizade, sobrevivência e arte em tempos de guerra*[28], adaptada do livro da jornalista alemã Hannelore Brenner, e que relata o dia a dia de cerca de 50 meninas, que viveram por dois anos no campo de concentração de Theresienstadt, na República Tcheca, durante a Segunda Guerra Mundial. A exposição trazia desenhos e uma réplica de cerca de 18m² do quarto 28, onde as crianças judias foram aprisionadas, além de painéis com detalhes históricos da época. Dos mais de 15 mil jovens, entre 12 e 14 anos, que viveram no campo

---

[27] Por ocasião de trabalho desenvolvido no Hospital de Clínicas de Porto Alegre.

[28] Agradeço à psicanalista Sílvia Eugênia Molina e ao grupo das sextas feiras, do Centro Lidya Coiat: "O infantil e o desenho", que acompanhei na visita à exposição.

de concentração, de 1942 até 1944, somente 93 sobreviveram — 15 deles sobreviventes do quarto 28. Karen Zolko, familiar de uma das meninas que habitou o quarto 28 e representante do projeto no Brasil, comenta sobre a exposição:

> É tocante ver o poder transformador da arte, mesmo para aqueles que viveram numa realidade tão difícil. Por todos os lugares que passou, a mostra teve uma excelente receptividade, tem algo humano que ela transmite, e que foi inteiramente compreendido pelos visitantes, nas quatro edições que fizemos (Zolko, 2017 citado por Exposição no Recife..., 2017, n.p.).

Ao visitar a exposição, chamou-me a atenção o colorido e a beleza dos desenhos. Havia alegria neles. Como desenhos produzidos em condições tão tristes poderiam transmitir alegria? Encontrei a resposta na potência desse gesto primordial, que ao encontrar o outro possibilita que no curso da vida possamos encontrar o caminho da produção artística como um movimento de resistência. Que só se constitui nesse brincar referido por Rodulfo, um brincar que não tem depois, "na pretensa passagem de um ser-de-organismo a um ser-de-psiquismo, nem tampouco, por isso, mesmo sublimação, destino pulsional, que o deixaria numa ordem secundária" (Rodulfo, 2008, p. 113). Esse brincar nos espera desde um antes, anterior ainda ao "*fort/da*". Para Rodulfo (2008), o brincar é indiferente ao verbal/ não verbal. Ele dá o exemplo do quanto um som dentro da boca é tão brinquedo quanto o móbile, o carrinho ou a boneca. E acrescenta dizendo que "é possível analisar uma criança que *brinque sem falar* como é impossível analisar uma que *fale sem brincar*, independentemente da idade que ela tenha" (p. 114).

Assim, a necessidade mais radical do humano é a do encontro, pois não há nenhum bebê e nenhuma mãe antes do "entre", "entretecido por essa multiplicidade brincante disseminada, local, sem centros. Será lindo comer (da) mamãe se mamãe brinca comigo e o seu seio é um brinquedo" (p. 117). Podemos entender, então, que para o atendimento psicanalítico de crianças é preciso brincar com a palavra, não há "gesto espontâneo" sem a resposta ou a proposta espontânea da outra pessoa. E o brinquedo é o resultado artesanal dessa relação. Sabemos que a criança transforma para seu brincar qualquer objeto em brinquedo, mais ainda a mão é tão brinquedo quanto o carrinho ou o ursinho. Essa atividade lúdica possibilita que um prazer sem sujeito advenha sujeito de prazer pela mediação do brincar. Assim, se o brinquedo é mais específico como o objeto que a criança cria enquanto brinca, entender seu alcance se torna complexo.

Podemos considerar que a obra de Perec, jogando com a linguagem, convoca-nos no lugar de autores – brincantes.

DISTRAÇÃO...

Assim distraída foi ela

Menina avoada, ligada em tudo

Tudo que faz sentir

Mas o mundo dos adultos diz

E ela interessada na palavra por dizer

Mas o mundo adulto aponta

E ela interessada onde o ponto está por fazer

Os adultos querem muito

Ela tão pouco

Eles querem o livro todo, as linhas repletas, o espaço ocupado, impregnado de perfume

Ela quer o espaço amplo, o não sei, o tempo solto, o livro por ler, aberto ao seu olhar

As linhas na sua mão. Será que levarão a algum lugar?

"Distraída" foi...

"Distraída" fez morada

"Distraída" encontrou um amor

"Distraída" fez filhos

"Distraída" descobriu a cidade

"Distraída", a dor não deixa, o mundo faz barulho...

"Distraída", quase nada.

PARTE II

PONTOS DE CONTATO

As palavras são símbolos que postulam uma memória compartilhada.

(Jorge Luis Borges — *O livro de areia*)

FANTASIAR: CRIAÇÃO E UTOPIA

Brincar é usar o fio inteiro da sua vida. Quando você usa todo o fio, você vive. Brincar é uma expressão: vem de diferentes formas, em diferentes momentos da vida, mas está sempre presente.[29]

Pretendo refletir sobre o processo do fantasiar, ainda a partir da leitura do texto freudiano "O poeta e o fantasiar". Sustentarei que a possibilidade de fantasiar está intimamente ligada ao brincar, e este só é possível a partir de um processo de interdição na infância, ou seja, é necessário que algo falte à criança para que se constitua a necessária díade presença/ausência no processo de se fazer sujeito de desejo, podendo inscrever a experiência da perda em um laço. A poesia, a literatura, a arte, os processos criativos, dão testemunho da necessária inscrição da experiência da perda no laço social. Em Perec podemos ver uma escrita que vai de uma necessidade de lembrar, esforço por testemunhar, ao escorrer da fantasia — poderíamos dizer, do brincar.

Georges Perec poderia muito bem ser referido por Freud como um escritor criativo, por sua capacidade de escrever partindo de regras, jogos e restrições formalmente construídas. Perec parece trabalhar intensamente sua criatividade e sua fantasia literária: palíndromos[30], lipogramas[31], lógica, anagrama[32], entre outros. Podemos ter um alcance do investimento do escritor, por exemplo, no livro *O sumiço* (segundo Jacques Fux, escritor que desenvolve seu traba-

---

[29] Citação de fala no documentário *Tarja branca: a revolução que faltava* (2014). Direção de Cacau Rhoden.

[30] Um texto de tamanho indeterminado, cujas letras tanto podem ser lidas da direita para esquerda ou ao contrário.

[31] Um texto que exclui uma ou mais letras do alfabeto.

[32] Transposição de letras, de palavras ou de frases, a partir da qual uma nova palavra ou frase é formada.

lho baseando-se na obra de Perec e do Oulipo,[33] maior palíndromo conhecido na época, composto por cinco mil palavras sem a letra "e"). Perec também escreve um conto intitulado *What a man!* (1996), no qual narra a história de dois personagens escrita somente com a vogal "a". Qual a função da brincadeira, do jogo, e, podemos dizer, do lúdico na obra de Perec?

Em "O poeta e o fantasiar", Freud se pergunta de que fontes o escritor retira seu material e como consegue nos despertar emoções, das quais sequer nos julgávamos capazes. Também se pergunta o quanto as crianças, ao brincarem, comportam-se como um escritor. Para Freud, o contrário do brincar não é o que é sério, mas o que é real.[34] Diz ele, a criança distingue perfeitamente seu brincar da realidade e gosta de ligar seus objetos e situações imaginados às coisas visíveis e tangíveis do seu mundo. Essa conexão é o que diferencia o brincar infantil do fantasiar. A criança só abdica do elo com os objetos reais quando para de brincar, porque, em vez de brincar, passa a fantasiar, cria devaneios. O brincar das crianças é determinado por desejos (seu maior desejo é o de ser grande), as crianças brincam de ser adultos. É neste ponto que penso existir uma distinção importante em termos temporais relacionada ao prazer e à interdição. No tempo do ainda não decidido, o prazer de brincar é possibilitado pelo desejo de ser grande e fazer as coisas que os grandes fazem; sendo assim, tal desejo só surge na medida em que o mundo adulto é interditado para a criança, com relação ao sexo e à violência. E sabemos que, em termos históricos, tal interdição não esteve sempre presente socialmente, mas é ela que faz surgir o tempo da infância.

O conceito de infância começou a ser construído entre os séculos 16 e 17, a partir das conquistas do pensamento humanista. Segundo Ariès (1960/1981, p. 35), "na velha sociedade tradicional, a criança não chegava a sair de uma espécie de anonimato". A represen-

---

[33] Oulipo: acrescentamos, ao já citado, que existe ainda hoje. O grupo segue se reunindo todo mês na Biblioteca Nacional da França, em Paris. Pertenceram a esse grupo Raymond Queneau, Italo Calvino, Jacques Roubaud, Marcel Duchamp, entre outros.

[34] Clément Rosset, no livro *O real e seu duplo*, aproxima-se de uma ideia de real que Freud aponta aqui. O real como único e singular, o qual o sujeito tenta negar. Nessa busca de negar o real, constitui um duplo de si.

tação da infância foi mudando ao longo dos tempos e com diferentes sociedades. Até o século 18, a criança era considerada um adulto imperfeito, uma figura desinteressante e marginal, com pouca ou nenhuma relevância na sociedade e na cultura. Os ideais iluministas e os novos códigos civis, trazidos pelas revoluções burguesas, passaram a reconhecer as crianças como sujeitos com direitos, tanto a proteções legais específicas quanto ao reconhecimento de uma subjetividade diferenciada da dos adultos. Assim, as narrativas para as crianças acompanham a criação de um mundo próprio da criança, de uma concepção filosófica sobre a infância, a criança tomada como à parte, investida de inocência mítica. Desde então, e cada vez mais, a infância vem ganhando terreno no discurso social. E nos séculos 19 e 20 podemos ver o surgimento de ficções inventadas propriamente para o público infantil. Atualmente, além da educação, na literatura, no cinema e no entretenimento em geral, muitas são as produções dirigidas exclusivamente para crianças.

A psicanálise, a partir de Freud, enuncia que na condição de falantes estamos condenados a só agir como sujeitos quando alienados de nós mesmos, no discurso do Outro, no inconsciente. Esse é o infantil, sempre prestes a retornar sob a forma de fantasma. Portanto, na psicanálise, infantil não é aquilo que é relativo ou próprio à infância. Ainda em constituição na criança, o infantil consiste no produto conclusivo da infância do qual emergirá o adulto.

A condição infantil está presente nos processos criativos dos adultos, seja num poema, uma pintura ou na construção em análise. Marco Antônio Coutinho Jorge, no livro *Fundamentos da psicanálise de Freud a Lacan:* a clínica da fantasia (2010), evidencia a relação entre pulsão de morte e fantasia, relação essa que se dá pelo viés do desejo, e esse é o viés da ficção numa análise, que se constrói numa narrativa não do sentido, mas da falta. Como fala Coutinho Jorge, no instante de concluir o sujeito em final de análise experimenta o que o poeta sente toda vez que se depara com o objeto de sua criação: não é mais ele quem está ali, mas tão somente seu texto. Texto que inclui o corpo, assim como a criança quando brinca se implica toda na brincadeira, possibilitando uma narrativa que a acompanhará vida afora. Segundo Freud, alguém que está crescendo deixa de brincar, renunciando claramente ao ganho de prazer que a brincadeira lhe trazia.

> Mas quem conhece a vida psíquica das pessoas sabe que nada é mais difícil do que renunciar a um prazer que um dia foi conhecido. No fundo, não poderíamos renunciar a nada, apenas trocamos uma coisa por outra; o que parece ser uma renúncia é, na verdade, uma formação substitutiva ou um sucedâneo. Assim, quando alguém que está crescendo deixa de brincar, nada mais faz a não ser esse empréstimo aos objetos reais, em vez de brincar, agora fantasia (Freud, 1908/2015b, p. 55).

Marília Brandão Lemos de Moraes Kallas, no livro *Psicanálise e contemporaneidade*, retoma a ideia de que "os sonhos, obras de ficção e fantasias, constituem a realização disfarçada de um desejo recalcado":

> [...] todo desejo inconsciente tende a realizar-se restabelecendo, de acordo com as leis do processo primário, os signos ligados às primeiras experiências de satisfação, o que nos remete às relações erotizadas do bebê com sua mãe através do seu corpo, num jogo de trocas. Jogar é re-jogar jogos esquecidos e proibidos, é repetir e disfarçar prazeres perdidos. E, por ser em parte um jogo, a arte e a literatura nos proporcionam intenso prazer (Kallas, 2010, p. 42).

Nas palavras de Roland Barthes, "O prazer do texto é esse momento em que meu corpo vai seguir suas próprias ideias — pois meu corpo não tem as mesmas ideias que eu" (Barthes, 1973/2006, p. 24). Segundo Kallas (2010), para Barthes o texto é uma figura humana, um anagrama do corpo, mas como corpo erótico, pulsional. O prazer do texto seria irredutível.

Para ele, o texto tem uma forma humana, é uma figura, um anagrama do corpo, mas de nosso corpo erótico, pulsional. O prazer do texto seria irredutível ao seu funcionamento gramatical, assim como o prazer do corpo é irredutível às necessidades fisiológicas. O objeto de prazer do escritor não é a linguagem, mas sim a língua, a língua materna. O escritor é alguém que brinca com o corpo da mãe, para o embelezar, o glorificar ou o despedaçar, levar ao limite daquilo que do corpo pode ser reconhecido (Kallas, 2010, p. 45).

Podemos dizer que o prazer que a arte produz talvez esteja no poder de fascinação da infância, em que vivenciamos os efeitos da voz que se insinua num sentido auditivo, numa carícia sussurrante de mãe, e é essa voz que vai fazer letra, traço, inscrevendo-se no corpo pulsional a partir do gesto materno inaugural do desejo. Eis o prazer da infância. O infantil tem uma potência criadora no sentido do que faz corte nesse prazer, e, portanto, possibilita encontro, eis o sentido da interdição na infância. O corte cria espaço para que o outro possa existir e, assim, possamos nos situar num meio, valendo-nos radicalmente desse outro para sustentar nossa passagem e deslocamento para a vida, pela vida.

Retornando ao texto freudiano, "O poeta e o fantasiar", gostaria de ocupar algumas linhas com o termo *Dichter* e as traduções, tanto do termo como dos diferentes títulos. Lucia Serrano Pereira comenta sobre as traduções, tomando-as de três línguas: o original alemão, "Der Dichter und das Phantasieren"; a versão francesa, "L'écrivain et le fantasmer"; e na nossa, "Escritores criativos e devaneios" (atualmente traduzida diretamente do alemão como "O poeta e o fantasiar"). As diferenças significativas das traduções indicam em que via cada uma direcionou a questão colocada por Freud. Também pode ser interessante pensarmos a relação entre literatura e psicanálise, ponto que retomarei mais adiante.

É importante contextualizar o ambiente em que Freud profere a conferência "O poeta e o fantasiar". Lucia Serrano Pereira (2011) comenta que, segundo Assoun, no livro *Littérature et psychanalyse*, o contexto é especial, diferente do costumeiro. A palestra foi dada na editora de Hugo Heller, sendo o primeiro momento de uma fala pública relacionada ao campo da literatura, proferida por Freud, para um público leigo. Não era uma palestra para psicanalistas, e sim um trabalho no âmbito da cultura, em relação a questões que ele vai se colocando sobre a literatura, o escrever, os processos psíquicos e os processos criativos. O texto é anterior ao texto sobre a *Gradiva* e pouco conhecido na época, tendo mais expressão posteriormente. Saliento, então, o que designa o termo *Dichter*, escritor:

> No alemão corrente tem a ver com alguém que cria. Cria notadamente dramas e contos. Cria obras de arte em palavras. Então aqui já temos a questão da criação, da escrita. Obras de arte em palavras. O *Dichter* é o autor de *Dichtung*, que é a obra propriamente. Uma obra de arte de linguagem. *Dichtung* é uma escrita, mas é uma obra de arte. Está colocado aí também a questão estética da criação vinculada à questão da escrita. Uma obra de arte de linguagem notadamente épica ou lírica ou mais geralmente alguma coisa inventada e contada pelo *Dichter*. Então tem inovação e tem narração. É o autor de uma obra de arte, onde o material é sempre verbal, e isto é sempre acentuado. O *Dichter* é também um poeta quando se pensa na questão da *poiésis* grega. Inclui essa referência que pode ir da poesia à prosa na medida em que se trata da invenção de uma obra em palavras. É um relato submetido a determinadas condições de escrita e estilo. E isto é o que legitima a traduzir o *Dichter* por escritor. É alguém que conta criando uma forma verbal. É um "criador literário" e talvez isso fosse melhor destacar (Pereira, 2011, p. 6-7).

Essa questão da tradução é importante porque vai esclarecer de que escritor Freud falava. A edição que escolhi para trabalhar contempla isso, quando traduz *Dichter* por "poeta". Que diferença se encontra aí? O termo no alemão que designa o escritor de livros, de histórias, é *Schriftsteller*, mas Freud usa *Dicheter*. Está se perguntando sobre o processo criativo. Pensar o poeta pela palavra *Dichter* tem como referência etimológica a palavra *Dichtung*, traduzida para o português como "poesia". Ernani Chaves, em nota da tradução da editora Autêntica, comenta a escolha de Freud por esse termo "por estar ligada à ideia de gênero literário, no caso, a de um tipo especial, aquele que Freud caracteriza como 'criação livre'", donde *Dichter* ser aquele que faz poesia. Ao contrário de *Poesie*, utilizado internacionalmente, o termo *Dichtung* em alemão envolve uma ampliação especial na construção dessa palavra. *Poesie* é de acordo com a teoria poética, a área do gênero poético. A palavra *Dichtung* denomina também o produto literário e o processo de produção, e se origina da palavra *Dichten*: criar, conseguir, significar. A expansão do seu significado aparece como derivação etimológica da palavra *dicht*, "denso", uma espécie de adensamento da escrita. O mesmo entendimento que se faz da diferenciação dos termos *Poesie* e *Dichtung* se faz para pensar *Poet* e *Dichter*.[35] Acredito ser essa derivação etimológica de tradução, proposta por Kathrin Rosenfield, que aponta para pensar o *Dichter* como um "escritor denso". Robert Musil, segundo Rosenfield, costuma usar o termo *Dichter*, poeta,

> [...] como um título de maior dignidade para os grandes mestres (opondo esse termo à palavra mais contemporânea *Schriftsteller*, escritor). Esse uso sustenta a ideia das qualidades especificamente poéticas da literatura (e da sensibilidade poética da crítica), reagindo contra tendências contemporâneas de fundir os discursos literários ou com a pura sensação, ou com formas discursivas (Rosenfield, 2012, n.p.).

Sobre a palavra *Dichter*, encontramos no texto *Política e verdade do pensamento de Martin Heidegger*, de Pedro Rabelo Erber, no qual ele traz o seguinte:

> O que Heidegger entende aqui pela palavra *Dichtung*, ao determiná-la como essência da arte, não se identifica à poesia em sentido estrito (à qual ele reserva

---

[35] Segundo Elisa Zampieri, psicóloga e tradutora.

o nome *Poesie*). Mas apesar da cuidadosa distinção, é inegável e mesmo explícito o primado que ele confere à poesia em relação às outras artes: "A própria linguagem é poesia (*Dichtung*) no sentido essencial. Mas porque a linguagem é o acontecimento em que o ente se abre ao homem enquanto ente, a poesia (*Poesie*), a *Dichtung* em sentido estrito, é a poesia (*Dichtung*) mais originária, em sentido essencial. [...] Construir e esculpir, por sua vez, acontecem já sempre apenas em um aberto do dizer e do nomear. Por esses são regidos e guiados. [...] São em cada caso um modo próprio de poetar (*dichten*) dentro da clareira do ente, que já aconteceu inadvertidamente na linguagem [*A origem da obra de arte*, Martin Heidegger]" (Erber, 2003, p. 68).

Esse parágrafo, filosófico, toma a linguagem como forma de poesia em si, como uma forma de "adensamento". Então, é riquíssima a reflexão sobre o poeta como alguém que confere densidade às palavras, não necessariamente como um "escritor denso", como afirma Rosenfield, mas como aquele que adensa.[36]

Voltemos ao texto freudiano e ao *Dichter*, entendido como aquele que adensa, e que nos possibilita marcar a relação entre a fantasia e o tempo, presente em "O poeta e o fantasiar". Freud vai dizer que a fantasia junta os três tempos: passado, presente e futuro, porque, a partir de uma ideia atual, o sujeito vincularia a fantasia com uma ideia anterior, geralmente um desejo relativo à infância; com esses dois elementos, ele fantasia algo do futuro, projeta algo e dali constrói o devaneio, condensação dos tempos que está presente no sonho e no sintoma. Assim, a questão da criação aparece aqui configurando uma torção fundamental. A *Dichtung*, a criação ficcional ou poética, não é tanto um objeto a ser analisado, senão o modelo sob o qual Freud se ampara para conceber a fantasia como produção psíquica constituinte do sujeito. O trabalho da fantasia faria de cada um de nós um poeta, um artista.

---

[36] Ao citar Heidegger neste momento, é importante lembrar as questões referentes à afinidade de Lacan com o pensamento heideggeriano. Vale apontar que Lacan recorre às reflexões heideggerianas sobre estrutura e temporalidade para situar o sujeito, o inconsciente estruturado como uma linguagem.

A investigação a respeito nos permitiria esperar conseguir uma primeira explicação sobre a criação poética. E realmente, existe uma perspectiva a esse respeito: o próprio poeta gosta de reduzir a distância entre o que lhe é singular e a essência humana em geral; ele nos assegura, com frequência, que em cada um existe um poeta escondido e que o último poeta deverá morrer junto com o último homem (Freud, 1908/2015b, p. 54).

Seguindo, Freud se pergunta se deveríamos procurar os primeiros indícios da atividade poética já nas crianças, interrogação que lhe permite associar o brincar ao fantasiar:

Talvez devêssemos dizer: toda criança brincando se comporta como um poeta, na medida em que ela cria seu próprio mundo, melhor dizendo, transpõe as coisas de seu mundo para uma nova ordem, que lhe agrada. Seria então injusto pensar que a criança não leva a sério suas brincadeiras, mobilizando para isso grande quantidade de afeto (Freud, 1908/2015b, p. 54).

Segue dizendo que o poeta faz algo semelhante à criança que brinca:

[...] ele cria um mundo de fantasia que leva a sério, ou seja, um mundo formado por uma grande mobilização afetiva, na medida em que distingue rigidamente da realidade. E a linguagem mantém esta afinidade entre a brincadeira infantil e a criação poética, na medida em que a disciplina do poeta, que necessita do empréstimo de objetos concretos passíveis de representação, é caracterizada como brincadeira (Freud, 1908/2015b, p. 54).

A criança quando brinca faz como o poeta. Porém não podemos dizer que igualmente o poeta quando cria faz como a criança que brinca, pois Freud parece justamente salientar que o ponto de origem está no fato de que é preciso infância, ou seja, o brincar, para que algo do fantasiar se coloque para o adulto. Então, nem toda brincadeira se constitui na via da criação, do brincar, assim como não basta ser criança para ter infância. Para Freud, o que parece ser compartilhado entre o brincar e a arte é a fantasia. No seu texto de 1911, "Formulações sobre os dois princípios do funcionamento mental", ele destaca um dos elementos base da sua teoria, o princípio do prazer. O princípio do prazer, fundamental tanto para o brincar quanto para a atividade artística, é o princípio mental que leva o ser humano, desde os primórdios de sua existência, a buscar o prazer independentemente da realidade. Porém o aparelho psíquico não se guia apenas pelo que é sentido como prazer, mas também como real. Esse real é diferente do real lacaniano, o real como impossível de ser simbolizado, inassimilável pelo significante. Então, o princípio de prazer incluiria um outro, o princípio de realidade. A grande contribuição dessa teorização freudiana ao estudo do brincar é justamente o que se refere à fantasia, pois, como afirma Freud, nosso aparelho mental apresenta sérias dificuldades em renunciar a um prazer. Assim, uma parte de nossas atividades de pensamento é liberada do teste de realidade e permanece subordinada somente ao princípio do prazer. Segundo Freud (1911/1970d), "esta atividade é o fantasiar, que começa já nas brincadeiras infantis, e posteriormente, conservada como devaneio, abandona a dependência de objetos reais".

Para Freud, então, temos uma definição do brincar que se sustenta principalmente no princípio do prazer, conservado na fantasia, e em um dos principais desejos infantis, o desejo de ser grande, desejo que contribui para a constituição subjetiva. Jacques Fux comenta que essa teorização freudiana da fantasia é insuficiente para pensarmos a obra de Perec, pois, embora o autor se aproxime da infância em seus jogos enigmáticos, essa aproximação não parece se sustentar pelo princípio do prazer, ou apenas nele; algo além do princípio do prazer parece reivindicar um lugar na obra perequiana. Afinal, seu texto se encontra muitas vezes mais perto do real do trauma do que do simbólico e do imaginário da fantasia (Fux, 2012). Nessa perspectiva, segundo Fux, as contribuições freudianas ao brincar, após 1920, parecem contribuir mais para o estudo da obra de Perec e para compreender o lugar da literatura e do infantil, este como o que possibilita uma transformação permanente de uma realidade sempre cambiante. Assim, a questão se inicia com o brincar, que mesmo na solidão da brincadeira inclui o Outro, relação que podemos ler do brincar com o social, sublinhado em Freud já a partir desse texto, com o prazer e o gozo. Freud, falando sobre a irrealidade do mundo poético, comenta que daí se desdobram importantes consequências para a técnica artística, "pois muitas coisas que não poderiam causar gozo como reais podem fazê-lo no jogo da fantasia e muitas moções que em si são desagradáveis podem se tornar para o ouvinte ou espectador do poeta fonte de prazer" (Freud, 1908/2015b, p. 55). É como se o poeta, ao escrever a partir de sua fruição, adivinhasse no outro a fantasia mais secreta.

Philippe Ariès (1960/1981), em seu estudo sobre a história social da criança e da família, como já mencionado anteriormente, mostra que a infância começou a ocupar um lugar de destaque no início da era moderna, quando começam a surgir concepções filosóficas sobre a infância e a construção do mito moderno da criança como um ser com natureza à parte, investida de inocência, a infância como um "paraíso perdido". Freud subverte essa visão "paradisíaca" da infância e, em *Três ensaios sobre a teoria da sexualidade* (1905), vai questionar as concepções moralizantes a respeito da sexualidade infantil. Ele concebe que em seu encontro com o sexual, o infantil, de alguma forma aparece sempre através do traumático (aqui a relação com a memória). O que possibilita a Freud identificar no infantil algo da ordem do não eliminável (presente já em "O poeta e o fantasiar"), que leva o sujeito a falar. O infantil, portanto, é aquilo que não se desenvolve porque não entra numa sequência cronológica, linear, algo que não se elimina, aquilo que tem a ver com o gozo. E Perec nos diz: "Mas a infância não é nostalgia, nem terror, nem paraíso perdido, nem Tosão de Ouro, mas talvez horizonte, ponto de partida, coordenadas a partir das quais os eixos de minha vida poderão encontrar seu sentido" (Perec, 1975/1995, p. 20).

É importante marcar que, para Lacan, o infantil remete à condição faltosa da constituição do sujeito. Será aquilo que a criança e o adulto não conseguem transformar em palavras nem afastar. Assim, podemos associá-lo ao lugar que a letra ocupa na psicanálise lacaniana, conforme já mencionado.

Freud, desde suas primeiras postulações, ocupa-se em formular como as inscrições psíquicas são produzidas a partir do vivido, constituindo o funcionamento mental, concebendo metaforicamente o sonho, o chiste, o ato falho ou o sintoma, que, de modo enigmático, dão a ver as inscrições inconscientes, considerando a intervenção clínica como uma operação de decifração. E Lacan, a partir da obra freudiana, traz para a psicanálise o conceito de *letra*, com o qual retoma e reelabora a concepção de *inscrição psíquica*, radicalizando a relação entre escrita e inconsciente, ao estabelecer entre eles mais do que a nostalgia inicialmente proposta por Freud, uma fundamentação que embasa o funcionamento psíquico de modo indissociavelmente atrelado à linguagem.

Fazendo a pergunta sobre o lugar da criança atualmente, já que segundo Ariès a infância nem sempre existiu, como podemos pensar a criança produzindo interdito no adulto? A necessidade da infância surge na era moderna, já no final da Renascença, justamente com o surgimento do artista, como nos diz Tânia Rivera:

> A criação no âmbito da arte, ao lado das científicas, na atuação dos grandes homens do Renascimento, talvez tenha reforçado a importância nascente do indivíduo singular — ainda que este apareça inicialmente sob o modo de um humanismo que não exclui a comunidade, mas a reforça e transmite na figura do indivíduo. Grosso modo, pode-se dizer que durante toda época moderna o ideal de criação como atributo do artista se mantém quase intacto, acentuando-se contudo em direção de um individualismo mais marcado. As vanguardas de fim do século XIX e da primeira metade do século XX talvez pudessem tê-lo atacado mais impiedosamente, de posse de dispositivos como a escrita automática e o *objet trouvé* dos surrealistas e, principalmente, contando com o golpe certeiro desferido pelo *ready-made* duchampiano.

Neste, de fato, a criação é radicalmente criticada, consistindo em nada além de um gesto, uma certa torção como aquela sofrida pela roda de bicicleta ao ser colocada de ponta-cabeça em um banquinho de cozinha em 1913 (*Roda de Bicicleta*). O artista não é mais um criador a partir do nada — ele não faz nascer um objeto propriamente novo, mas rearranja os objetos corriqueiros do mundo e os nomeia como arte (Rivera, 2009, p. 17).

Assim, a produção artística rompe com a ideia de um eu criador numa posição central, herdeiro do poder divino da criação. E a ideia de infância, tomada na condição do infantil do homem, rompe com a ideia de continuidade temporal, linearidade histórica. Segundo Agamben (1979/2005), a infância é anterior — o sujeito se constitui na e através da linguagem, e isso revela que ele tem uma in-fância, um lugar que é anterior à palavra. Nesse sentido, o infantil pode ter a função de operar a descontinuidade entre língua e discurso, entre natureza e cultura, possibilitando que o homem se aproprie da língua, designando-se "eu". "A infância coloca o indivíduo no lugar de produtor da cultura e, com outros interlocutores, ele acrescenta significação ao mundo" (Agamben, 1979/2005, p. 22).

A experiência não estaria vinculada a um tempo localizável, mas inscrita no pulsar da linguagem como "lugar da infância". E esse lugar podemos ler em Perec, não como um tempo fixado, mas na mobilidade da condição infantil enquanto operador da memória. Em Freud, o aparelho psíquico é um aparelho de memória e linguagem. Essa compreensão pode ser feita partindo do princípio de que o aparelho psíquico é constituído de traços mnêmicos, em que a memória pode ser entendida como um texto a ser decifrado, fruto de uma escrita, que se faz na condição de reminiscência, memória simbólica (rememorações), passível de ação do esquecimento. Este concerne à história dos agrupamentos e sucessões de acontecimentos, e memória propriamente dita, que está no campo do inconsciente.

Quais os fios que nos sustentam e tecem bordas? O fio que tece as bordas interdita e permite recortes, possibilitando-nos pontos de ligação com o outro, produzindo experiência. E a dinâmica atual para pensar o infantil tem produzido saberes onde a técnica e a educação são o norte, destituindo, nesse sentido, a criança do seu lugar interditor, pela potência de corte que produz no adulto. Essa potência de corte faz pensar no sentido utópico da infância e leva a perguntar como se transmite a experiência hoje, partindo da concepção de que a utopia inverte o sentido tradicional de uma proposta antecipada. A utopia aponta para proposições que nos ajudam a recuperar algumas formas do inconsciente, possibilitando um caminho para pensarmos a construção de um saber na infância que não esteja submetido à pregnância de imagens em série. Assim, permitindo-se a invenção de espaços para o saber poético, este que Freud destaca em seu texto, construído pela ficção de cada infância, algo da experiência pode se colocar.

O tempo só pode ser resgatado e apreendido nos seus traços de memória. Resgatar esses traços num instante fugidio de um presente que sempre se esvai a caminho de um futuro.

> Ali, onde o passado se quer presente e o presente é sempre passado, onde o futuro se determina como algo que será lembrado, ali, neste absurdo lugar de um tempo sempre presente, e que se esvai de instantes infinitesimais que se sucedem, somos. Esta íntima relação entre memória e futuro, que permite aos poetas a capacidade da vidência. Ali, no absurdo lugar de um tempo sem tempo do desejo inconsciente, tempo que se esvai e desemboca nesta "perda de tempo", onde, na escrita, o presente sempre escapa e só ressurge como passado representado (Kallas, 2010, p. 17).

Essa tentativa impossível de captura do tempo na narrativa observamos no texto de Perec:

> É isso o que digo, é isso o que escrevo e é somente isso o que se encontra nas palavras que traço e nas linhas que essas palavras desenham e nos brancos que o intervalo dessas linhas deixa aparecer [...] sempre

irei encontrar em minha própria repetição, apenas o último reflexo de uma fala ausente na escrita, o escândalo do silêncio deles e do meu silêncio: não escrevo para dizer que não direi nada, não escrevo para dizer que não tenho nada a dizer. Escrevo: escrevo porque vivemos juntos, porque fui um no meio deles, sombra no meio de suas sombras, corpo junto de seus corpos; escrevo porque eles deixaram em mim sua marca indelével e o vestígio disso é a escrita: a lembrança deles está morta na escrita; a escrita é a lembrança de sua morte e a afirmação de minha vida (Perec, 1975/1995, p. 54).

O tempo é aqui compreendido como memória individual e, além, memória de uma história comum a uma época e seus efeitos.

Para Barthes, "o texto do prazer é aquele que contenta, enche, dá euforia, aquele que vem da cultura, não rompe com ela" (Barthes, 1973/2006, p. 20). É essa conexão com o outro da cultura que interessa pensar como uma relação utópica entre arte, psicanálise e literatura. E o infantil, tomando as considerações de Freud, é a ponte, por meio da linguagem, que liga o singular ao social. Por meio das narrativas da infância, vamos constituindo lugares, o nosso e do outro, lugares que vão se efetivando pela transmissão. "Na condição de narrar encontraríamos o valor maior da transmissão e chance para cada um de fazer contato efetivo com sua experiência" (Sousa, 2015, p. 10). Eis aí o valor maior da transmissão. É na relação com outros que a criança constrói tentativas de historização (Golse, 2003) de seus encontros, de suas experiências e de seus sentimentos. E, por meio da interação, cada criança cria um estilo próprio de induzir nos adultos que cuidam dela os afetos de que necessita e que lhe possibilitarão contar sua própria história.

Essa capacidade da criança de buscar o outro se assemelha ao poeta que produz, com seu texto, prazer. O fato de o escritor escrever com prazer uma história ou uma frase não assegura o prazer do leitor. É necessário que o autor encontre o leitor sem saber onde ele está, criando um espaço de deleite, a possibilidade de uma dialética de desejo, em que autor e leitor se encontrem nessa fenda de fruição, onde ambos estiveram, um dia, ao brincar. A necessidade de escrever é semelhante à necessidade de brincar, mais no sentido proposto anteriormente, num "gesto espontâneo" que não tem necessariamente relação com o que vem do outro, mas precisa do encontro com o outro para criar/brincar.

O enigma está presente em várias obras de Perec, como no livro *A vida modo de usar*, por exemplo, onde o autor propõe uma série de relações a partir de combinações matemáticas, incluindo o leitor como participante da criação. Podemos dizer que dessa forma se institui um diálogo com o texto e o autor. Segundo Jacques Fux (2012, p. 105),

> [...] a obra de Perec, assim como um jogo de escon-de-esconde é uma inovação já que é necessária a intervenção concreta do leitor para que o jogo aconteça. Ao mesmo tempo, sabemos que esse leitor necessário e ativo não irá alcançar, de fato, toda potencialidade da obra.

Não se joga sozinho, assim como, mesmo na solidão, a brincadeira inclui o Outro.

E também Rilke, em *Cartas ao jovem poeta*, refere-se à necessidade da escrita na relação com a infância.

> Investigue a razão que o impele a escrever; observe se ela estende suas raízes ao ponto mais profundo de seu coração; pense se morreria se fosse impedido de escrever. E sobretudo: pergunte-se no mais quieto momento de sua noite: preciso escrever? Garimpe em si uma resposta profunda. E se esta resultar afirmativa, se o senhor puder ir ao encontro dessa séria pergunta com um forte e simples preciso, então construa sua vida a partir dessa necessidade; sua vida, até a sua mais indiferente e ínfima hora, deve tornar-se sinal e testemunho desse ímpeto. Então o senhor irá se aproximar da natureza (Rilke, 1929/2011, p. 143-144).

"Uma obra de arte é boa se surgir por necessidade" (Rilke, 1929/2011, p.144-145). Segue o autor:

> Se seu cotidiano lhe parece pobre, não reclame
> dele, reclame de si, diga a si mesmo que ainda não
> é suficientemente poeta para evocar suas riquezas,
> pois para o criador não há pobreza nem local pobre,
> indiferente. E mesmo que estivesse numa prisão,
> cujas paredes não deixassem chegar aos seus sentidos
> nenhum dos ruídos do mundo — mesmo assim não
> lhe restaria ainda sua infância, essa deliciosa riqueza
> real, esse tesouro das lembranças? Dirija sua atenção
> para lá (Rilke, 1929/2011, p. 144).

> Tudo é gestar e depois parir. Deixe que se aperfeiçoe
> cada impressão e cada semente de um sentimento
> bem em si, no escuro, no indizível, inconsciente, no
> inalcançável à própria consciência, e com profunda
> humildade e paciência espere pelo momento do
> parto de uma nova clareza. Apenas isso significa
> viver como artista: na compreensão como na criação
> (Rilke, 1929/2011, p. 150).

> E não há como usar o tempo como medida: um ano,
> dez anos não são nada. Ser artista significa: não
> calcular nem contar; amadurecer como a árvore que
> não apura seus sumos e se consola nas tempestades
> da primavera, sem medo que por trás delas o sol
> possa não aparecer (Rilke, 1929/2011, p. 150).

Assim, o poeta parece responder a Freud de quais fontes retira seu material. A obra de arte tem como efeito provocar a suspensão de um sentido habitual dos objetos e dos fenômenos, remetendo a uma singularização das diferenças, em que o sempre visto se transforma em olhado pela primeira vez, gerando como efeito o estranhamento. Um estranhamento familiar, uma estranheza inquietante, pois nada parece mais estranho do que algo que nos é íntimo e penetra num território "sagrado", a infância, onde o humano está desprovido de disfarces. Mas ainda uma pergunta: em que nos serve o infantil, o que resta da criança que cresceu? É preciso a arte para lembrar a narrativa que nos situa, na lembrança de memórias da infância, dizendo-nos quem somos, mas também no esquecimento para nos possibilitar ir adiante. Eis o corte, a interdição. Esquecer, para ir adiante, significa produzir a ficção que nos organiza. Como o faz Perec. Reforçando, podemos dizer, o lugar que Lacan dá ao inconsciente, como irrealizável, no sentido de que o inconsciente nos mostra a hiância por onde a neurose pode se conformar a um real:

> [...] real que pode, ele sim, não ser determinado. Nessa hiância alguma coisa acontece. Antes de mais nada, a questão está sempre aberta. Só que a neurose se torna outra coisa, às vezes simples enfermidade, cicatriz, como diz Freud – não cicatriz da neurose, mas do inconsciente [...] Vejam de onde ele parte – de *A Etiologia das Neuroses* – e o que é que ele acha no buraco, na fenda, na hiância característica da causa? Algo que é da ordem do *não-realizado* (Lacan, 1964/2008, p. 27-28).

Freud destaca que, pelo conhecimento clínico adquirido com relação às fantasias, fica evidente que se o poeta fala sem saber aquilo que ele, Freud, conclui depois de muito estudo e pesquisa, é porque, segundo o próprio Freud, o prazer estético, criado pelo artista para nós, contém um caráter de prazer preliminar e "a verdadeira fruição da obra poética surge da liberação das tensões de nossa psique" (Freud, 1908/2015b, p. 58). Liberação essa que acontece pela técnica do poeta de nos apresentar suas brincadeiras, seus sonhos diurnos, diferentemente de nos comunicar suas fantasias. Superando assim nossa repulsão, não nos identificamos com o poeta, ficamos protegidos dessa identificação pelas limitações existentes entre o eu e os outros.

> O poeta suaviza o caráter do sonho diurno egoísta por meio de alterações e ocultamentos, e nos espicaça por meio de um ganho de prazer puramente formal, ou seja, estético, o qual ele nos oferece na exposição de suas fantasias, prêmio por sedução, ou um prazer preliminar (Freud, 1908/2015b, p. 64).

> Qual a imagem de ti que resgata o brilho do sonho – lembra desse menino, desse brilho que você tinha quando a vida era muito misteriosa. Isso é que vai te guiar a fazer tua vida inteira ser muito iluminada, lembra dessas aspirações, não pode perder esse pé no sonho, esse pé na infância.[37]

---

[37] Do documentário *Tarja Branca: a revolução que faltava* (2014). Direção de Cacau Rhoden.

UTOPIA DO INFANTIL

Qual é esta certeza sem aquém, se não esta solidão
absoluta da infância, a acidez de seu verde paraíso
a partir da qual o adulto crerá definir-se negando-a?
E até o fim a criança permanecerá verde,
obstinando-se em reclamar seu paraíso.

(*Gérard Pommier – O conceito psicanalítico de infância*)

Muitas vezes, somos tomados pela ideia da infância como o tempo em que fomos felizes, algo do tipo: éramos felizes e não sabíamos. Essa ideia pode nos prender ao tempo que perdemos e não volta mais, colocando-nos numa possível dificuldade diante das diferenças de um novo mundo. Quero aqui questionar a relação do tempo com a história, para poder pensar os deslocamentos da infância. Pensar deslocamentos possibilita questionar os modos de construção da infância e os mecanismos disciplinares que põem em funcionamento o maquinário que institui a infância em nossa época, em nossa sociedade, conduzindo os sujeitos, crianças e adultos, segundo normas e arranjos culturais, políticos e institucionais. Para pensar os deslocamentos da infância, trago a companhia de vários autores, que me permitem problematizar a infância como uma invenção histórica, e o infantil não como o que resta da infância, mas como o furo, a brecha da memória, o espaço da biblioteca (pensando na ideia de desmontagem e do lugar das galerias, em Walter Benjamin), o jogo de enigma e o lugar da memória em Perec. Possibilitando apontar o *gap* que pode estar implicado num deslocamento.

Na psicanálise, costuma-se compreender esse *gap* no *infans* como objeto falado/gozado, por isso o movimento em busca de uma origem, de uma causa. Seguindo a ideia de deslocamentos da infância, proponho também pensá-lo com Derrida, quando fala da desconstrução, e a partir de Agamben em *Infância e história*, ao falar sobre a história como descontinuidade. O conceito de Derrida será tomado a partir do porvir, um porvir história, ao pensar o lugar do infantil. O porvir, para Derrida, não é um futuro, no sentido do realizável no futuro, mas de um irrealizável que mantém o saber sempre em movimento.

O objetivo em abordar a infância nessa condição de descontinuidade é tomá-la como um lugar sempre por vir. A estratégia da desconstrução subverte a lógica das oposições, ou seja, a ambivalência coloca-se no contexto da possibilidade/impossibilidade no prisma da desconstrução. Ao analisar pares conceituais binários, a desconstrução questionará exatamente a hegemonia de um dos termos com relação ao outro. Um outro aspecto refere-se à abertura para o outro. O tema da alteridade será uma das marcas da desconstrução, enquanto questionadora da lógica da identidade.

Pensar a infância nessa condição indica o movimento da criança que acolhe o que vem do Outro, tornando tudo seu, através do brincar. Ao brincar, ela cria e vai se inserindo no mundo, numa relação subversiva com as coisas, os objetos e o tempo. E a relação da infância com o tempo produz descontinuidades. Agamben, como já mencionado, fala em *Infância e história* da infância anterior. Segundo ele, o sujeito se constitui por meio da linguagem, e isso revela que ele tem uma in-fância, um lugar que é anterior à palavra e que rompe com a continuidade da história. "A infância coloca o indivíduo no lugar de produtor da cultura e, com outros interlocutores, ele acrescenta significados ao mundo" (Agamben, 1979/2005, p. 64).

Essa relação é muito próxima à posição do leitor, principalmente em Perec. De acordo com Jacques Derrida,

> [...] um texto só é um texto se ele oculta o primeiro olhar, o primeiro encontro, a lei de sua posição e a regra de seu jogo. Um texto permanece, aliás, sempre imperceptível. A lei e a regra não se abrigam no inacessível de um segredo, simplesmente elas nunca se entregam, no presente, a nada que se possa nomear rigorosamente na percepção (Derrida, 1991, p. 7).

Os textos construídos pelas *contraintes* não se entregam ao primeiro olhar. Suas construções ludibriam o leitor. Fux (2011) destaca que inicialmente os jogos de esconde-esconde de Perec não são revelados. Somente após algumas publicações póstumas e entrevistas suas invenções e restrições começam a ser reveladas. "Sua obra constituída por *contraintes*, pode ser considerada uma forma contemporânea de enigma (esconde-esconde), diante do qual a posição do leitor se torna ainda mais repleta de potencialidade" (Fux, 2011, p. 102). Lacan, no seminário *O avesso da psicanálise* (1969-1970), indica que a estrutura do enigma é expressa em termos próximos aos da estrutura da verdade. Se a verdade não pode ser dita por inteiro, mas sempre ao nível de um semidizer, o enigma se apresenta, também, nessa mesma dimensão. Assim, o que diz e o que deixa por dizer? E a leitura pode ser a resolução dos enigmas, dos jogos matemáticos propostos por Perec, por exemplo. Em *A vida modo de usar*, o leitor é um detetive e um viajante, pelos encontros imprevistos possibilitados pela leitura de uma escrita embasada em critérios matemáticos.

O infantil põe em movimento passado, presente e futuro, transgride o tempo, pois coloca o sujeito num constante devir. Se um dia era, é a possibilidade do agora que poderá ser. Parece que o infantil funciona como um operador do tempo, colocando a memória da infância como um lugar impossível de retornar. Por isso necessitamos narrar.

E a utopia do infantil está na ânsia por saber, põe em movimento a construção do mundo pela via do desejo, justamente porque a questão do infantil parece ultrapassar a infância. Pommier (1999) nos diz que, para a própria criança, já há infantil, presente nas teorias que ela inventa e que continuará a repetir durante toda sua vida. O infantil se distingue da criança sobre a qual ela elucubra.

"A infância não é um tempo, não é uma idade, uma coleção de memórias. A infância é quando ainda não é demasiado tarde. É quando estamos disponíveis para nos surpreendermos, para nos deixarmos encantar" (Couto, 2011). Mia Couto, sobre o seu livro de poemas, *Tradutor de chuvas* (2015), diz ser uma homenagem à infância e vê o infantil como uma disposição para nos encantarmos. O infantil permanece como potência, é utopia, justamente nesse movimento do inacabado, do em decisão, do inconcluso, da disponibilidade ao enigma do porvir. "A infância é um território de limbo que nos obriga à viagem, nos obriga à busca [...]" (Couto, 2011, p. 66). Sendo assim, proponho pensar a infância como abertura.

E, para Perec, a infância é ponto de partida, possibilitadora das coordenadas a partir das quais os eixos de sua vida podem encontrar sentido no indizível da sua história.

> Não sei se não tenho nada a dizer, sei que não digo nada; não sei se o que teria a dizer não é dito por ser indizível (o indizível não está escondido na escrita, é aquilo que muito antes a desencadeou); sei que o que digo é branco, é neutro, é signo de uma vez por todas de um aniquilamento de uma vez por todas (Perec, 1975/1995, p. 54).

Somos uma cultura essencialmente audiovisual. E nessa cultura, passou-se do anonimato para a exibição, em propagandas, programas televisivos e inclusive no cinema, porém a literatura parece ser lugar privilegiado para expressão do infantil, principalmente como experiência. No sentido de que a infância só existe depois que nos tornamos adultos, ao narrá-la. Barthes (1982) diz que uma possível definição de literatura está no fato de ela não ser o sentido literal da frase. Para ele, a literatura é um sistema que não tem a função de comunicar um significado objetivo, exterior e preexistente ao sistema, mas criar um equilíbrio de funcionamento, uma significação em movimento. Desse modo, podemos inferir que é isso que confere peso e importância à literatura para a crítica psicanalítica, uma vez que a linguagem inconsciente também não tem como função a comunicação, e sim a possível revelação de um saber sobre o desejo inconsciente. O sujeito, ao tentar cercar o tempo numa narrativa, resgata-o numa experiência, portanto fora do tempo, podemos dizer, atemporal. Ana Costa questiona, a partir da obra de Proust, se não é

UTOPIA DO INFANTIL EM GEORGES PEREC E A INFÂNCIA NA PSICANÁLISE

"por fazer literatura que ele pôde descrever o acontecimento vivido como criação mesma do atemporal" (Costa, 2015, p. 187).

> Não foi a vivência em si que se constituiu fora do tempo, como a *mesma* do passado, mas a necessidade de transmiti-la literalmente que já a situou fora do tempo. Ou seja, a dedicação da vida do autor à literatura permitiu-lhe a escrita do atemporal de percepção, *criando* — como experiência não somente sua, mas do leitor (Costa, 2015, p. 187).

Ana Costa salienta que não é toda a escrita do romance de Proust que se orienta dessa forma. Percebe duas ordens de repetição, uma que constrói a tela e outra repetição do ato que vai recortar essa tela.

É na dimensão dessa linguagem distorcida, sem intenção de comunicar, que trabalham o escritor e o psicanalista, com a diferença de que o escritor se utiliza dela constituindo, com o ato de sua escrita, um saber inconsciente que desconhece, enquanto o psicanalista, com sua escuta, busca em transferência a elaboração sobre as leis que regem o inconsciente. Enquanto o escritor tem acesso singular a essa linguagem atemporal e sem intenção, sem significação predeterminada, o psicanalista tem que se debruçar sobre suas investigações clínicas, tendo como sustentação de seu desejo a aposta no inconsciente. Freud nos fala a respeito do quanto podemos aprender com os escritores, uma vez que antecipam o saber inconsciente. Assim, podemos pensar que a literatura nos introduz no processo em que uma história é narrada. Isso nos aproxima do interesse pelo infantil pensado a partir da literatura, desde a perspectiva do pensamento utópico[38], entendido como sendo um pensamento que se aproxima

---

[38] Não o utopismo projetista tradicional, mas o utopismo iconoclasta, na linha dos apontamentos Russell Jacoby: "Em uma sociedade obcecada pelas imagens como a nossa, eu sugiro que o utopismo projetista tradicional pode ter se exaurido, mas o utopismo iconoclasta é indispensável" (Jacoby, 2005/2007, p. 18). Os utopistas iconoclastas resistem à sedução moderna das imagens. "A palavra, quer escrita, quer oral — parece se retrair no despertar dessas imagens. Vivemos em uma era da visualização extrema, uma imagem vale mais que mil palavras. E é nessa época que os utopistas iconoclastas têm importância, na medida em que resistem em representar o futuro, assim, se o futuro desafia a representação, não desafia, no entanto, a esperança" (Jacoby, 2005/2007, p. 20).

da operação desencadeada pelo infantil, como o que nutre a imaginação. E a imaginação nutre o utopismo. Russell Jacoby, em *Imagem imperfeita* (2005), pergunta: "se a imaginação sustenta o pensamento utópico, o que sustenta a imaginação?" (Jacoby, 2005/2007, p. 53). Segue dizendo que tal questão poucas vezes foi enfrentada como um problema histórico, tendo sido tomada pelo viés psicológico ou filosófico e até romântico.

> Como a forma da imaginação muda ao longo do tempo? Será que ela se desenvolve ou enfraquece? A imaginação provavelmente depende da infância — e, de modo inverso, a infância depende da imaginação. Com certeza essa foi uma noção cara a românticos como Rousseau e Wordsworth, que idealizaram a criança como a criatura da imaginação e da espontaneidade. Entretanto, hoje em dia um historicismo banal sobre a "construção" ou a "invenção" da infância (ou da família ou de qualquer outra coisa) frequentemente culmina em um relativismo ainda mais banal, sugerindo que o que é inventado ou construído não pode ser vigoroso ou desejável. Não obstante, os edifícios são construídos; eles também se erguem e, às vezes, causam fascínio. Em outras palavras: os românticos podem ter idealizado a infância como o domínio da imaginação, mas isso não invalida a imaginação. Nem o fato de que a "criança romântica" era "estritamente confinada a uma elite", faz com que ela seja espúria. Se a infância alimenta a imaginação, o que alimenta a infância? (Jacoby, 2005/2007, p. 54).

A partir dessa abordagem, proponho aproximar a literatura do brincar. Aí produz-se uma tensão, justamente no ponto entre a atividade e a passividade, entre a fantasia e a invenção. Ernst Bloch, em *Princípio esperança*, escreve que "brincar é transformar-se, ainda que na certeza de voltar a ser o que era antes" (Bloch, 1954/2005, p. 30). A criança brinca sabendo realizar algo que usará depois. Essa potência do brincar, condensando num mesmo instante passado, presente e futuro, é o que possibilita que a experiência da infância não danifique o porvir. Assim, uma história pode fazer sentido na medida em que é assimilada nessa relação temporal do brincar, algo para se apropriar que lance para um adiante, mas não nos retire demasiadamente do nosso mundo conhecido e seguro, que precisa ser preservado como lugar que não ameaça, pois é a partir dele que se lançam e se colecionam olhares, estes profundos e breves na direção do outro.

A utopia é justamente voltar para a pátria da infância em busca de experiências e caminhos. Perec, em seu texto, mostra e esconde, encontra e perde. Acompanhando um pouco mais o pensamento freudiano, novamente no seu texto "O poeta e o fantasiar", percebemos a busca nas raízes do infantil, da constituição do fantasiar na relação com o criar. Freud mostra que o trabalho do poeta consiste em recuperar a potência de invenção presente em todo o brincar. A tese de Freud é de que se tornar adulto implica necessariamente incorporar a instância da lei e dos códigos sociais, fazendo-nos traçar uma espécie de barreira, limite no trânsito entre o campo da fantasia e o da realidade. O poeta seria aquele que recuperaria esse infantil, reinstaurando a potência do fantasiar na construção do mundo.

Então, se a psicanálise procurou, desde os seus primórdios, compreender o infantil como conceito para pensar onde se constituem os alicerces da vida psíquica, a literatura pode permitir, de uma forma notável, ilustrar e reforçar as suas representações, constituindo-se como linguagem simbólica que traduz diferentes perspectivas, memórias, vivências.

A literatura, portanto, é um veículo por meio do qual podemos interpretar os elementos simbólicos e imaginários da cultura, oferecendo as possibilidades de ampliar ou limitar horizontes, criando telas de contato com a realidade, podendo produzir proximidades ou afastamentos através das histórias.

4.1 Infantil e existência: há infância sem mãe?

Durante o processo de escrita deste trabalho, foi levantado um questionamento sobre se existiria infância sem mãe, ou escritor sem leitor, e se tais questões são homólogas.[39] Na construção do trabalho, a questão sobre se existiria infantil sem infância me vinha constantemente. Apesar de a psicanálise nos fazer pensar que a resposta seria que há um infantil sem necessariamente uma infância, tal questão permaneceu como fundo. Deixemos emergir alguma parte.

Anteriormente, retomei o trabalho de Ariès (1960/1981), bastante discutido no meio acadêmico, sobre o surgimento do "sentimento de infância". Nele Ariès constata que a infância como invenção social teve uma data para surgir, não sendo natural nem dada para sempre a relação das crianças com a infância. Comentei ainda o trabalho de Postman (1982/2005), que também assinala essa relação não natural entre a criança e a infância, mas na via do seu desaparecimento nos dias atuais, devido à utilização em massa de meios eletrônicos de comunicação, primeiro com o surgimento do telégrafo e um tempo depois com a televisão (mais atualmente, outros estudiosos vêm pesquisando os efeitos da internet e dos jogos eletrônicos).

Não é meu objetivo discutir essas teses, mas trazê-las por enfatizarem essa relação não natural entre o que é a infância e as crianças. A infância, sendo uma invenção, indica que as crianças não possuem uma infância, os adultos a possuem na medida em que a perderam. Mesmo implicando uma investigação mais profunda e à qual não me proponho neste trabalho, acho importante fazer algumas considerações.

Encontro eco para meus apontamentos em um texto de Leandro de Lajonquière (2006), "A psicanálise e o debate sobre o desaparecimento da infância". Ele vai falar das respostas das crianças sobre o que seria a infância. Trarei tais respostas e também a resposta de algumas crianças entrevistadas por mim.

As crianças cujas respostas Lajonquière comenta foram entrevistadas fora de trabalhos acadêmicos e, ao serem questionadas sobre o que é a infância, disseram:

Criança I: "A infância é aquilo do qual os adultos falam quando lembram que foram crianças."

---

[39]   Questão levantada pela Prof.ª Dr.ª Maria Cristina Poli, que leu um primeiro esboço deste escrito.

Criança II: "Essa não é uma pergunta para se fazer para uma criança."

Seguem respostas das crianças que entrevistei. Foi feita a mesma pergunta:

Criança I: "Como vou saber, sou criança!"

Criança II: "É uma fase da vida na qual a gente se diverte e os adultos quando crescem continuam se divertindo de um jeito que as crianças não entendem."

Criança III: "Acho que é quando meu pai e minha mãe brincavam."

Criança IV: "Não sei não, é uma coisa diferente do que eu brinco."

Criança V: "Acho que é por causa disso que se comemora o dia da criança."

Lajonquière (2006, p. 90-91), a partir das respostas, elenca os seguintes pontos:

- As crianças negam possuir aquilo que os adultos supõem que elas detenham: o saber sobre a infância;

- Pelo contrário, elas indicam os adultos como detentores desse saber. Enquanto a primeira afirma ser o adulto aquele que fala sobra a infância e, portanto, possuiria um saber sobre ela, a segunda criança qualifica a pergunta inadequada para menores, aludindo à possibilidade de a mesma caracterizar-se como uma pergunta que única e exclusivamente deveria ser feita a adultos;

- A infância é da ordem de um relato adulto, conforme aponta a primeira criança;

- A pergunta adulta pressupõe a existência de um nexo conatural entre 'ser' criança e a infância.

As respostas que consegui com as crianças que entrevistei coincidem, corroborando os apontamentos de Lajonquière. Também é possível perceber nas respostas um vivenciar o presente numa ideia de futuro que o adulto representa. E a psicanálise traz para o debate aspectos para além do duelo biologia e cultura, ou seja, não pensando a partir de determinações biológica nem de realidades pré-fabricadas. A relação trabalhada por Lacan entre Real, Simbólico e Imaginário possibilita entender que, na nossa origem, trata-se de uma incompletude: nascemos com um impulso biológico incompleto (nosso organismo necessita do Outro para surgir na existência de um corpo), o que situa o Real. A busca por se sentir completo faz pulsar o Imaginário. Assim, nessa busca, encontra-se o que possa servir de "complemento", embalado nos braços do Simbólico, que é inconsistente e falho. O que vai fazer com que o complemento simbólico se torne um *suplemento* que vai colocar a incompletude primeira — o Real. Dessa forma, o discurso vai incidir sobre o corpo, sujeitando-nos a uma genealogia, que nos alivia do turbilhão de devires, nomeando um lugar. No entanto o homem não se esgota às suas representações, ficando um a mais, um resto que chamamos Real. "Assim, o homem é descentrado por esse efeito excedente produzido pelo próprio processo instituinte, o que nos permite falar em termos de um 'sujeito cindido no desejo'" (Lajonquière, 2006, p. 3-4).

Os postulados da psicanálise nos ajudam a entender que a humanidade não é exaustiva justamente porque na instauração de sentidos possíveis para produção de uma vida existe um avesso de sombra, avesso necessário para pensarmos as transformações subjetivas e não recorrermos a automatismos na instituição discursiva capaz de engendrar formas subjetivas, pois, assim, correríamos o risco de ficar à mercê de essencialismos a-históricos.

Achei muito interessante a forma como Lajonquière (citado por Levin, 2001) fala da criança, ao dizer que ela precisa que alguém lhe abra as portas para ir brincar. Pois, mesmo tendo a criança a potência de brincar desde tempos primordiais, como constituída antes ainda do *fort-da*, conforme salientei ao comentar o lugar do brincar referido por Rodulfo (2008), seguirá brincando se essa porta seguir aberta. A criança gasta o tempo brincando, e assim, aos poucos, passa a conquistar uma infância no momento em que paradoxalmente a perde. Portanto, como já referido, a infância não é uma fase do desenvolvimento.

> Ela é puro tempo recalcado, é história reconstruída sempre, uma e outra vez no *a posteriori*, no só depois, ou seja, quando deixamos de participar das rodas infantis ou, se preferirmos, quando deixamos de esperar alguém que supostamente saiba abrir a porta para irmos brincar. É nesse tempo de preparação para *virmos a ser* — que de fato nunca chega — que a criança ao brincar interroga e bisbilhota o mundo adulto, na tentativa de fabricar um saber sobre o desejo que anima os velhos (Lajonquière, 2001 na apresentação, Levin, 2001, p. 9-10).

Quando uma criança nasce, faz funcionar nos pais a lembrança da infância recalcada, e eles esperam que seus filhos os reconduzam por miragens e labirintos ao supostamente perdido outrora. Já a criança espera que os pais tornem seu mundo um mundo presente, fazendo, assim, com que nesse encontro de tempos o desencontro se instale num futuro anterior, que é o motor do brincar e da infância como tempo perdido, da infância que acaba fazendo história do desejo que nos lança ao mundo adulto, ou seja, "como sujeitos faltos-em-ser, lançados a nos dizer, uma e outra vez, sempre outros, no campo da palavra e da linguagem, na tentativa de falarmos em nome próprio" (Lajonquière, 2001 apresentação livro, Levin, 2001, p. 10).

O adulto, estando nessa condição de ser o que abre a porta, de forma alguma coloca a criança numa condição de passividade. Como verificamos na clínica, muitas chegam justamente porque estão "chutando" a porta, tendo que abri-la a "pontapés".

Tomando o tempo da infância, podemos lançar questões referentes ao brincar que apontem para a problemática do lugar da criança, colocada muitas vezes mais numa condição de consumidora do que de criadora, obstaculizando o fluir de uma brincadeira que possa ter o estatuto de criação. "A infância contemporânea apresenta traços que nos remetem a pensar acerca do que se encontra apagado no brincar hoje" (Meira, 2003, p. 75). Então, afirmo que para o brincar dar lugar ao sujeito é necessário que haja um sentido, utópico, ou seja, o brincar é utópico por sua potência de criação e invenção produtora do não decidido, do não definido, do não burocratizável. E quando o brincar aparece saturado de sentido pode impedir a falta de ausência, geradora de angústia. Ao associar o brincar à utopia, eu o aproximo da condição de objeto que resiste, tal como Lacan refere ao dizer que o objeto *a* resiste à significantização.[40] Portanto, o brincar surge porque algo cai, falta ao sujeito, indicando um não lugar na medida em que produz abertura, dando liberdade ao pensamento e, assim, esburacando o instituído, produzindo novas configurações a partir do desequilíbrio das formas. "Por isso a utopia traz necessariamente ao mundo uma força de transgressão" (Sousa, 2007, p. 40).

Por meio da experiência clínica, podemos observar uma dificuldade importante em lidar com a condição do brincar, que exige um ritmo diferente, um tempo singular. Essa dificuldade aparece nos discursos e no movimento, que identificamos, nos adultos, de burocratizar e higienizar o brincar.

Ilustro trazendo uma cena cotidiana: uma menina de 5 anos chegando à escolinha com sua boneca. Quando interrogada se a boneca é sua filha, responde, com um olhar surpreso, dizendo que é sua irmã. A surpresa fica do lado de quem interroga e do lado da menina, que parece não conseguir situar a brincadeira de ser mamãe de sua boneca. A mãe da menina, que a acompanhava, explica: como criança não pode ter filhos, a boneca é a irmã. Do que se trata essa resposta da mãe?

Abordarei sucintamente essa questão, mas ela é importante porque me possibilita fazer um comentário sobre a relação entre gozo e luto, que nos ajuda pensar como se constitui o recalque na sua relação com o corpo.

---

[40] "O objeto *a* como objeto sem ideia e também como objeto dejeto. Dejeto que resiste à significantização" (Lacan, 1962-1963/2005, p. 204).

A clínica com crianças possibilita discorrer sobre uma diferença importante para pensarmos a clínica em geral. Essa diferença situa-se entre Freud e Lacan com relação ao objeto e sua perda, na questão dos processos de castração. Questiona-se que importância clínica tem o fato de a perda não produzir falta, e sim excesso. Essa questão podemos fazer a partir de Lacan, que nos diz que a perda do gozo está no princípio, mas pode não se registrar. Existe aí a relação temporal entre a entrada no campo significante e o registro dos significantes que marcam o sujeito. Essa referência temporal está em Freud quando ele fala do *a posteriori*, na referência sintomática, como a referência singular na leitura de um acontecimento de linguagem, porque afeta o corpo e tem consequências nos desdobramentos da vida de um sujeito com aquilo que se registra, que se escreve. O que se escreve não é propriamente o objeto perdido, porque o princípio da perda implica um vazio, que para se registrar como furo precisa de um registro de perda, e aí faz consequência.

A perda, o objeto que cai, é experimentada uma vez e precisa de uma travessia que implica o tempo, indicando como o sujeito se encontra na sua posição discursiva com relação ao objeto perdido. Logo, considerando a dinâmica do endereçamento, poderemos encarar a dimensão do tempo, que vai apontar para o luto, não como um trabalho, e sim como um movimento que exige um ato para inscrevê-lo. O registro da perda é a própria perda. Assim, não basta que um objeto não esteja na realidade para que se constitua a perda e, consequentemente, o luto. Lacan vai dizer que o objeto está sempre presente, sendo assim é preciso que ele caia para que algo possa se deslocar. Pensando no seio, enquanto o bebê ficar na via da substituição do seio, não conseguirá desmamar; podemos dizer, é preciso que o seio ocupe um lugar entre a mãe e o bebê para que ele deixe de precisar ser substituído e possa ser transposto pelo bebê. E aí começa a ter importância o processo de recalque. Transpor no sentido de transliterar[41] o objeto. O importante da afirmação de Lacan de que o seio não está antes, e sim entre a mãe e o filho, está no fato de que

---

[41] Termo trabalhado por Jean Allouch no livro *Letra a letra: transcrever, traduzir, transliterar* (1984/1995).

só é possível, justamente, produzir a queda do seio por este estar na relação. Assim, o seio só existe no momento em que algo da cadeia significante da mãe ligar o filho ao seu seio para que este possa, quando transliterar o corpo materno, perder o seio, perder um pedaço de si, que se constitui entre o sujeito e o Outro. Somente quando há queda do objeto, ou seja, quando algo do traço recorta e registra o objeto que está fora, é possível cair um pedaço de si (que é tanto do sujeito quanto do Outro). Aí se constitui a experiência que registra a perda. E o brincar é a experiência que possibilita à criança a construção da relação com o objeto, constituindo um circuito que inclui o corpo e relaciona a presença à ausência e a ausência à presença.

Podemos dizer que não perder o seio coloca o sujeito numa busca frenética por substituição. Porque perder o seio é se desligar do corpo materno e aí poder descolar o pedaço de si que vai fazer o espaço temporal para que surja algo próprio, para que seja possível um recorte, possibilidades de leitura. É essa leitura do registro de como a perda foi registrada que nos situa no mundo. A neurociência converge com a psicanálise no momento em que diz que no cérebro não existe ausência de registro. Sempre há registro, porém esse registro pode não ter o estatuto de experiência. E, para a psicanálise, a perda em si não garante o registro da perda. É no registro da perda que está a radicalidade de um luto que indica a importância do encontro, desse encontro significante que dá suporte corporal justamente porque possibilita que a linguagem recorte o corpo produzindo uma transliteração, que só acontece numa leitura em que é o Outro que nos lança às letras — mas quem as recorta e junta é o sujeito. Isso só é possível pelo processo de recalque, que precisa de um tempo longo para se efetuar. Assim, a infância é o tempo do não ainda totalmente recalcado, por isso momento do não ainda decidido. "Nas bordas da ausência, da falta, a criança confronta-se com a imaginarização, a simbolização, a invenção. A partir da experiência da perda ela busca o que não está" (Meira, 2004, p. 87).

Esse recalque hoje parece estar dificultado pelo movimento de minimizar, de reparar o que se perdeu. Observo muito na clínica um movimento de reparação que aparece nas variadas formas de acolher os diferentes processos de perda que os filhos precisam passar para crescer. Isso aparece no desmame que ocorre tardiamente, na fralda que não é retirada no tempo da criança, no não conseguir meios de ajudar o filho a dormir, na impossibilidade de tomar a brincadeira como um fazer de conta. Por aí, acaba ocorrendo a cena descrita no início, na qual a brincadeira se monta numa conduta mecânica e mimetizada ao ideal parental. O que significa não poder brincar que a boneca é sua filha? Significa, no mínimo, que algo do sexo ressurge pela via de um risco, um perigo. Assim como a agressividade vem sendo tomada pela via da violência e do horror. Por aí, as birras e contrariedades de uma criança que só quer se colocar no mundo podem ser tomadas como ameaças. Sendo assim, problematiza-se a relação saber e gozo. A relação do sujeito com o saber coloca em causa algo que separa, que produz um intervalo importante entre aquilo de que o sujeito consegue se apropriar, dominar, e a submissão que implica seu gozo. O sujeito se orienta por sua busca de domínio, de saber, de conter, de tirar do corpo. Mas o que vai marcar o caminho de cada um é que não se tem domínio. E o que vai retornar insistentemente é algo dessa marca da qual não se tem um saber. A tentativa de tornar a boneca a irmã impossibilita a construção de uma teoria, revela justamente o que deveria ser um enigma, atrapalha a relação com o saber, justamente porque impede o não saber sobre o gozo.

Na medida em que a mãe registra um gozo Outro, efetivando um caminho da relação do desejo com o outro, é possível imprimir um ritmo próprio para a dupla mãe/bebê que inclua o pai, produzindo um trajeto de mão dupla, um vaivém ao corpo materno, orquestrando um caminho possível onde a palavra venha fazer sua função de subjetivar, podendo o corpo materno ser tomado como espaço de enredo, fazendo surgir, assim, um movimento em direção ao que, mais tarde, se constituirá como brincadeira, e, a partir desse artifício, podendo encenar o enigmático segredo da sua representação. E, para o psicanalista, não se trataria de desvendar e interpretar o segredo, e sim de permitir que a criança o coloque em cena e o produza. Brincando e fazendo ficção, a criança cria o mistério que ela mesma, ao encená-lo, vai desvendando e criando sem perceber.

Por isso a cena da menina com a boneca é tão ilustrativa, possibilita questionar o quanto, atualmente, existe um movimento de pressa por interpretar algo que ainda não está separado. "Brincar, portanto, não é simplesmente chafurdar sem direção no gozo da infância. Brincar é o próprio da letra na borda entre gozo e saber" (Jerusalinsky, 2011, p. 236). Daí a importância da brincadeira como uma forma de intervenção na clínica com crianças, o que nos mostra o sentido de utopia na construção do brincar. A função da utopia é "produzir um desassossego do presente acossado pela responsabilidade com o amanhã" (Sousa, 2007, p 25). E no brincar se materializa a experiência da perda. Cabe perguntar: para lançar um trabalho futuro, que espécie de transposição está em causa no brincar hoje para possibilitar tal experiência?

Os adultos, atualmente, presos em absolutismos, acabam por ficar confusos, não conseguindo sair do "país dos brinquedos", tal como Pinóquio. Sendo o brinquedo, segundo Agamben (1979/2005), a possibilidade de gozar a pura temporalidade dos objetos, é preciso, porém, deslocar-se desse país para que o brinquedo não frature a relação constante entre continuidade e descontinuidade histórica e deixe subsistir um resíduo diferencial entre diacronia e sincronia. "Todo evento histórico representa um resíduo diferencial entre diacronia e sincronia, que institui entre eles uma relação significante" (Agamben, 1979/2005, p. 92). No "país dos brinquedos", as estruturas são esfareladas em eventos; assim, "as horas correm como faíscas", a absoluta diacronia do tempo "infernal". Os brinquedos exigem que, uma vez terminado o jogo, eles, como resíduos, devem ser guardados e escondidos, porque constituem, de algum modo, o desmentido tangível daquilo que, todavia, contribuíram para tornar possível:

> Pode-se perguntar, neste ponto, se a esfera da arte na nossa sociedade não seria o compartimento destinado a recolher estes significantes "instáveis", que não mais pertencem propriamente nem à sincronia

nem à diacronia, nem ao rito nem ao jogo (Agamben, 1979/2005, p. 97).

A conduta adulta, tomando a brincadeira e o brinquedo numa condição radical e literal, obstaculiza a relação com o saber porque isola a brincadeira num sentido único. Poderíamos dizer que abre a porta, porém para sua via de excesso, incluindo a criança, fazendo-a participar da cena nas identificações às imagens produzidas pelo adulto, colocando o sexo e a violência numa posição de domínio da cena. Pois não dá espaço para o equívoco. Assim, os brinquedos precisam cada vez mais se aproximar de uma representação fiel do objeto.

Encontramos no escrito de Perec a comprovação de que não abandonamos a infância quando crescemos, mas a criamos. O que exige a perda da infância. Ou seja, exige um deslocamento do adulto com relação ao que perdeu.

ESCREVER

Toda escrita é uma tentativa de corporificar o vivido, constituir experiência, tecitura de imagens e pensamentos, alinhavo da forma, na tentativa de sentido singular dos restos deixados pelas vivências

MUNDO

Num mundo, no mundo, bundo...
Nesse mundo onde se sabe muito, se sabe tudo, eu mudo.
Que lugar pra ignorância minha?
Que lugar pra dizer do que sinto?
Nesse mundo em que tudo tenho que conhecer sumo, reles,
tal minhoca que só sabe o caminho da terra.

São apenas algumas linhas. Poucas palavras – mas quantas
palavras serão necessárias? Ocupando pouco espaço percorro
uma vida. Como saber quando é suficiente?

MAPAS

Um ponto – longe daqui – nem tanto

TEMPO

Tempo chega no vazio da hora e faz questão; hora – por fazer;
muito – por dizer
Fazer corte – ferida sangrando
O tempo que se esvai em mim

PARTE III

POR UM ADIANTE: CONCLUIR

A bola que lancei quando brincava no parque
Ainda não tocou o chão.

(Dylan Thomas – "Se brilhassem os faróis")

LIVRO PERDIDO

O livro foi perdido em 1995, quando foi descrito como um livro que contava a história do autor cujos pais morreram durante a Segunda Guerra. Em vários outros momentos tive pistas dele. A cada pista mais eu me afastava – ou me aproximava?

As pistas apareceram em vários momentos, na fala de alguém comentando sobre sua leitura, no uso dele, por alguns professores, para pensar algumas questões teóricas a partir da psicanálise. E eu seguia dizendo para mim mesma: "Esse eu não vou ler."

A pista fundamental, e que trouxe o livro para uma realidade de leitura, foi quando, em 2016, numa conversa com meu orientador, este me sugeriu o autor para trabalhar as questões que apontava como tema para minha pesquisa no mestrado. Justamente por querer pesquisar sobre a infância e o infantil, a obra sugerida como ponto de enlace foi W ou a memória da infância. Funcionou como abertura de um espaço, não sabia o que pensar e nem o que dizer. Para o orientador não disse nada. E só conseguia pensar que não iria trabalhar esse livro. Não queria. Aos poucos fui conseguindo desmontar minha negativa. Interessante é que tinha escrito: aos poucos fui olhando para minha negativa. Talvez escrever e olhar indiquem que a inibição produzida com relação a ler W ou a memória da infância seja justamente pela brecha da memória por onde transbordavam metonimicamente as imagens fazendo referência ao que ocorreu naquele momento histórico.

Ao ler, foi como se uma sequência de descortinamentos fossem ocorrendo a cada página. A começar pelo primeiro contato com o livro. Num primeiro instante pensei em pedir para meu pai se ele tinha o livro, já que sempre gostou muito de literatura e tinha muitos livros. Mas pela distância que tenho de meu pai e por achar que, depois de todos esses anos, o livro deveria estar amarelado e até mofado, desisti. Achei melhor procurá-lo no site da Estante Virtual. Encontrei vários exemplares, um novo, com o preço inviável, e outros usados. Escolhi o livro cujo estado era descrito como tendo somente as páginas um pouco amareladas. Achei perfeitamente possível, escolhi esse.

Quando o livro chegou não pude deixar de pensar no meu inconsciente me pregando peça e produzindo um turbilhão. O tal livro somente com algumas páginas amareladas estava "fedendo" a mofo, cheiro insuportável, impedindo-me de ler. Me cocei toda e comecei a espirrar. Então tive a ideia de colocá-lo no sol. Passou dias indo tomar sol. Talvez o tempo de tirar o mofo do meu inconsciente e eu poder lê-lo.

Sua leitura foi dificultando meu trabalho, fiquei totalmente absorvida pelas relações que ia fazendo e compreendendo por que, afinal, recusava-me a lê-lo.

Meu pai é filho de alemães agricultores que viviam no interior do Rio Grande do Sul e quando ele ainda era pequeno mudaram-se para o interior do Paraná. Falavam, na maior parte do tempo, em alemão, e na época da Segunda Guerra foram proibidos de falar. Quando isso era comentado comigo, ficava a impressão de um não dito, algo estranho. Ia lendo Perec e me dando conta de que eu tinha construído um entendimento de que meu pai tinha o alemão como uma língua maldita. Lembro-me de ele ter dito que se envergonhava de ser alemão. Essa marca da vergonha, certa culpa de ser, deixou consequências importantes, as quais achei serem fruto da sua dificuldade com a herança de seu nome. E talvez a minha. Nem eu sabia que poderia ser tamanha.

Quando criança, ao ouvir o sobrenome paterno de minha avó, Ritter, fazia diretamente a associação ao

Hitler. Isso fazia me questionar se seriam bons. De alguma maneira, parece que isso colou em mim e me fez não querer ler a tal história do autor que falava sobre as consequências do nazismo em sua vida. Medo de estar identificada com o algoz, talvez o mesmo medo que fez meu pai se envergonhar de ser alemão.

A leitura de W ou a memória da infância produziu deslocamentos que possibilitaram me situar nessa história que guardava quase como uma fantasia, que achava estar desfeita. Mas na recusa do livro, e principalmente ao lê-lo, fui tecendo uma linha que me permitiu passar a outra margem do rio. Interessante que durante o escrito da dissertação, praticamente em todas as vezes em que ia digitar o título do livro, tinha dúvida se era memória de uma infância ou memória da infância. Talvez mais uma tentativa de me manter distante de uma história da qual, percebi, eu faço parte.

MEMÓRIA E REPETIÇÃO

Escrever é retirar-se. Não para a sua tenda para escrever, mas da sua própria escritura. Cair longe da linguagem, emancipá-la ou desampará-la, deixá-la caminhar sozinha e desmunida. Abandonar a palavra.

(*Jacques Derrida* – "*Edmond Jabès e a questão do livro*")

Abordei a obra de Georges Perec desde a perspectiva psicanalítica para pensar a importância da narrativa e da memória, questionando a relação da infância com a memória e o infantil, como a potência utópica da criação, no sentido do *Dichter* trazido por Freud, que é poeta, mas também escritor ficcionista, que tem a ver com o exercício do imaginativo, do criativo. O *Dichter* põe em jogo o lugar na cultura; com o exercício do denso na relação com a linguagem, deixa-se tomar por ela, pelo movimento da condensação e do deslocamento, numa aproximação da estrutura do sonho, proposta por Freud.

Ao pensar a narrativa, outro autor aparece. Em Walter Benjamin, também podemos abordar a relação entre o *Dichter* e o infantil, justamente no encontro com a linguagem num tempo em que a criança está numa condição emblemática de sua potência inventiva, em contraposição ao uso instrumental da língua. Benjamin sublinha os "mal-entendidos" das crianças, o não entender "certo" as palavras, e diz que as palavras na relação com o infantil são como as nuvens nas quais as crianças podem se envolver e desaparecer. Aí percebe a dimensão inventiva da linguagem, com a qual as crianças têm proximidade, como "galerias" a serem exploradas, lugares de desorientação, como no seu livro *Rua de mão única* (1928). A desorientação remete ao desconhecido, ao recalcado, aspectos dos deslocamentos linguísticos infantis. O que introduz nas lembranças da infância a

149

dimensão do inconsciente e do esquecimento, dimensão angustiante, podemos dizer, mas importante para uma retomada, pelo presente e para o presente, do passado histórico ou autobiográfico.

Importa observar que o mal-entendido das crianças, o equívoco, "longe de ser um simples não-entender, se revela como entendimento do não-entendido nos objetos" (Stussi, 1987 citado por Gagnebin, 1999, p. 82) – aquilo que resiste à interpretação, portanto, à leitura, ao Simbólico, apontando para o Real. Então, a densidade concentradora na nuvem do infantil pode dialogar com o "escritor denso" (Dichter), em Perec, e com o que tem de proximidade com a borda do Real, no que traz como não velamento. Nesse sentido, o infantil se constitui nas frestas da infância. As crianças estão sempre numa relação com os limiares, escondidas atrás do móvel, na borda de uma janela, atrasadas para escola, nos cantos do jardim, embaixo da mesa, "hesitantes" nesses lugares onde "o tempo se acumula" (Stussi,1987 citado por Gagnebin, 1999, p. 88). Lugares condensadores e perturbadores, de certa desorientação, de corte, portanto, mas também de encontro.

Benjamin busca a intensificação do tempo e a trama: "o passado é salvo no presente porque nele o escritor descobre os rastros de um futuro que a criança pressentia sem conhecer [...]. O passado é atravessado pelos signos que o futuro esqueceu na nossa casa" (Gagnebin, 1999, p. 89). Aqui podemos fazer um diálogo com a utopia, no sentido do que nutre a imaginação. O que nutre é a infância, não como um farejar do "bafio do porão", mas como respirar um ar de amanhã (Bloch, 1954/2005). Aí o novo pode surgir, nesse experienciar a infância como num sonho diurno — "A vida psíquica sempre está enquadrada simultaneamente pelo noturno e pelo diurno [...]. O sonho diurno se move naquilo que de fato nunca havia sido experimentado como presente" (p. 116). E Gagnebin diz de Benjamin: "Essa busca do 'futuro anterior', acarreta um olhar sobre a infância, onde não há nada de idealizante ou de estetizante, mas profundamente político" (Gagnebin, 1999, p. 89). Interessa aqui problematizar esse sentido político na relação com a infância. O movimento da memória na relação com a infância passa pela importância de narrar, que se encontra num sentido político porque relaciona o lembrar ao esquecimento, em direção ao sofrimento. A radicalidade do sofrimento intervém na narração criando um obstáculo do escoamento regular das palavras, o que faz uma interrupção do seu fluxo, aproximando-se da ideia do "sem-expressão", de Walter Benjamin. É aquilo que nunca conseguimos dizer e, por isso mesmo, não conseguimos calar ou esquecer. Narrar retomando a infância possibilita pôr em palavra o excesso da dor e, por isso, a transmissão de não pactuar com a "ignomínia" de um povo.

Também na obra de Perec podemos ler um sentido político ao abordar a infância, lugar de narração onde o eu que narra se fala para além de si mesmo, onde a história de si tem relação com a história dos outros, em construções compostas de densidades que conjugam o individual e o social. São imagens do inconsciente e também imagens políticas: Benjamin, judeu, berlinense, no início do século 20; Perec, nascido em 1936, menino judeu que perde seus pais na guerra. A memória, os silenciamentos, os recobrimentos vão aparecer na narrativa de *W ou a memória da infância*.

Perec por Perec:

> Não tenho nenhuma memória da infância. Até os doze anos mais ou menos, minha história se resume em poucas linhas: perdi meu pai aos quatro anos, minha mãe aos seis; passei a guerra em diversos pensionatos de Villard-de-Lans. Em 1945, a irmã de meu pai e seu marido me adotaram (Perec, 1975/1995, p. 13).

> Nasci em 7 de março de 1936, por volta das nove da noite [...]. O projeto de escrever minha história formou-se quase ao mesmo tempo que meu projeto de escrever (Perec, 1975/1995, p. 29).

Essa história e a ausência de memória produzem a escrita de Perec. Escrita que trabalha, por exemplo, com o lipograma (*contrainte* explícita), jogo pensado anteriormente ao desenvolvimento do texto *O sumiço*. Mas, como assinala Perec, o indizível não está na escrita, ele a desencadeou. Perec trabalha quatro categorias:

> [...] a primeira pode ser classificada como "sociológica": como observar o cotidiano; a segunda é de ordem autobiográfica; a terceira lúdica, retoma meu gosto pelas *contraintes*, as proezas, os jogos e todos os trabalhos do Oulipo; e a quarta concerne ao romanesco, ao gosto pelas histórias e peripécias (Perec, 1985 citado por Fux & Santos, 2013, p. 201).

Segundo Fux e Santos (2013), a ideia de esgotamento (trabalhado pela literatura) também faz parte do trabalho de Perec e de seus objetivos literários. Ideia essa que possibilita pensar o conceito de trauma e repetição em psicanálise. Em psicanálise, a impossibilidade de simbolizar um evento chocante determina a repetição, efeito *a posteriori*. Podemos ler na repetição encontrada nos textos de Perec a condição da nossa relação com a perda e o luto. O que se repete em Perec possibilita trabalhar conceitos que a psicanálise aborda para pensar a constituição psíquica, como a teoria do trauma. Não existe uma relação direta de causa e efeito. Um excesso não tramitado psiquicamente pode fazer de um fato externo um trauma. E a impossibilidade de simbolizar um evento traumático pode produzir "uma obrigação de lembrar" — conforme já mencionado anteriormente a partir do trabalho de Ana Costa (2015) —, suspendendo o tempo ao trauma, podendo gerar uma impossibilidade da passagem do tempo, dificultando que se realize o trabalho do luto.

Seligmann-Silva (2003) comenta que o texto *O sumiço* é uma nova forma de discutir os conceitos da escrita de testemunho.

> Utilizar uma *contrainte* para trabalhar com a falta, com a limitação, com a intraduzibilidade e com a impossibilidade de narrar o que de fato aconteceu, o que de fato foi sentido e vivenciado. A linguagem é antes de mais nada o traço — substituto e nunca perfeito e satisfatório — de uma falta, de uma ausência (Seligmann-Silva, 2003, p. 48).

A repetição parece se colocar com relação mais à falta do objeto do que com o desejo de tê-lo ou sê-lo. Mais pelo vazio do que pela representação. O mesmo motor que move a repetição, *o que não cessa de não se inscrever*, é o que move a fantasia da criança, do adulto. Como afirma Lacan, "o real vai do trauma à fantasia", já que "a fantasia nunca é mais do que a tela que dissimula algo de absolutamente primeiro, de determinante na função da repetição" (Lacan, 1964/2008, p. 64).

As restrições literárias em Perec aludem à repetição no seu viés potencializador da criação. Em Perec, podemos dizer, a literatura aparece como um jogo, um jogo onde ele cria as regras e também é um jogador (joga a dor, joga com a dor). Há em sua literatura, as regras (as *contraintes* matemáticas) e as pessoas que jogam com essas regras — seus leitores. Podemos ler seus livros e, por meio dessa leitura, descobrir e entender suas *contraintes*, e assim o escritor não tem controle total sobre o escrito, que, sendo um jogo literário, faz com que o autor perca o domínio.

Exemplificando essa perda do controle, em *A vida modo de usar* Perec descreve o projeto de Bartlebooth, um projeto bem-estruturado e com regras definidas, mas que, ao fim, foge ao controle pelas contingências dos modos de usar a vida. Na introdução do livro, Perec explica o plano organizado por um colecionador de *puzzles*, em que toda jogada deveria ser pensada anteriormente e todas as possibilidades e potencialidades já deveriam ter sido projetadas. No entanto, apesar de as várias *contraintes* para ajudar o personagem (como as permutações, os palíndromos, a poligrafia do cavaleiro, os lipogramas, os algoritmos etc.) funcionarem segundo as regras do jogo, algo fundamental escapa à literatura. Então, a potencialidade linguística com o uso das *contraintes* permanece necessariamente inacabada, como no projeto de Bartlebooth e de personagens de outras obras (em *53 jours*, por exemplo).

Jacques Fux (2016) traz outro ponto de repetição na obra de Perec, que se trata do número 11, podendo ser entendido como um estímulo a ir além do sistema e esgotar todas as possibilidades em função de certas especificidades formais do 11: é um número primo que oferece certa resistência à divisão e à quebra, é um número palíndromo, já que se pode ler nos dois sentidos. "Por fim é um número prático de tamanho razoável, por exemplo, uma permutação em quenine de ordem 11, e como Perec utilizará, é fácil de manipular" (Magné, 1999 citado por Fux, 2016, p. 222).

Em *A vida modo de usar*, o número 11 aparece em muitas listas e datas. A importância do 11 para Perec, como sugere Fux (2016), parece ultrapassar a funcionalidade matemática e o significado cabalístico (para a Cabala, pela qual Perec também se interessa). Faz com que ele inclusive o apresente de maneira indireta, como em *O sumiço*, onde o lipograma usado impede a referência ao "onze", já que este contém o "e"; e mesmo que fosse utilizado em forma de algarismos "11", a restrição seria perdida. Por isso, o livro não contém os números 2, 4, 9, 11 e todos os escritos com o "e" proibido. Para Perec, segue Fux (2016), o 11 e o 43 representam a morte de sua mãe, que foi definida por decreto — a data oficial dessa morte foi o dia 11 de fevereiro de 1943. "O onze, um palíndromo, número onipresente em sua obra, representa uma quebra que reverbera em outros de seus textos" (Fux, 2016, p. 225).

> Há 11 capítulos na primeira parte de *W ou a memória da infância*; há 11 letras (ESARTINULOC) na série heterogramática de base do livro *Ulcérations;* Há 11 versos em cada poema do *Alphabets* que é, portanto, uma reunião de *onzains* (Magné, 1999 citado por Fux, 2016, p. 225)

Outro aspecto que aparece na obra de Perec e que faz referência ao conceito de repetição em psicanálise é a técnica da regressão infinita. O conceito matemático de infinito adquire implicações e aplicações e será utilizado em numa imagem visual concreta da regressão. Por exemplo, em *A coleção particular*, com uma repetição na qual Perec descreve um quadro que representa uma coleção de quadros. Nessa narrativa o pintor Henrich Kürz pinta um quadro e se mostra na coleção que apresenta, e essa representação dele mesmo é construída infinitamente, aplicando o conceito de regressão infinita.

Fux explica que John William Dunne, em seu livro *The serial universe*, traz um quadro que se sustenta na ideia de que, como o observador é parte do universo, ele não pode observá-lo como se estivesse fora do universo, mas sim como um observador autoconsciente. Então, apresenta um quadro no qual aparece um artista que decide pintar um quadro completo do universo e desenha a paisagem que observa (x_1). Porém o artista observa que o desenho está incompleto, falta ele mesmo incluído na paisagem, produzindo um outro desenho no qual ele participa do desenho da paisagem (x_2). Mas sabendo que esse quadro está incompleto, precisa desenhar ele próprio que desenha ele próprio desenhando a paisagem (x_3), no regresso infinito, demonstrado na figura a seguir:

Figura 1. *The serial universe*, John William Dunne

Fonte: Dunne, John William, *The serial universe* (1938)

Essa regressão infinita, essa repetição, aparece em *A coleção particular*, onde Perec descreve um quadro que representa uma coleção de quadros: a história de um gabinete em que trabalha um artista, no qual aparece um quadro que retrata outro gabinete no qual trabalha o mesmo artista, e assim repetidas e inúmeras vezes. Perec, ao longo do texto, vai apresentando uma série de pistas para o enigma, que só poderá ser desvendado tomando-se a principal pista, que está nos números que aparecem quando cada quadro é citado. Diz Perec:

> Serão sem dúvida numerosos os visitantes que se demorarão em comparar as obras originais e essas tão escrupulosas reduções que nos oferece Henrich Kürz. É quando terão uma surpresa maravilhosa: pois o pintor incluiu o seu próprio quadro no quadro, bem como o colecionador sentado em seu gabinete, vendo na parede ao fundo, no eixo de seu olhar, o quadro que o representa no ato de contemplar sua coleção de quadros, e todos esses quadros novamente reproduzidos, e assim por diante, sem nada perder em precisão no primeiro, segundo, terceiro reflexo, até não haver na tela senão ínfimos traços do pincel (Perec, 1993/2005, p. 18).

O conceito que aparece aqui, trabalhado por Perec, relaciona-se a um processo chamado *mise en abyme,* que representa a obra dentro da própria obra e é utilizado tanto na pintura quanto na literatura e na matemática. Conceito que possibilita várias interpretações. Na literatura, consiste em colocar no interior de uma narração principal outra ação que retoma totalmente, ou em parte, a narração principal, ou também "a perspectiva infinita de textos que remetem a textos" (Monegal, 1980 citado por Fux, 2016, p. 228).

> Com esse movimento, além das listas, catálogos e citações que constrói, Perec faz de sua obra um jogo de textos, no qual sua escritura passa a ser a escritura de outros textos e sua arte passa a ser, assim como a de Borges, uma arte de tramar e engendrar histórias umas dentro das outras [...] (Fux, 2016, p. 186).

Perec "quer significar que os números constituintes de sua escritura são, de agora em diante, os textos, e que sua arte não será mais que uma trama textual" (Bellos, 1994 citado por Fux, 2016, p. 228).

Podemos dizer que esse *mise en abyme* aponta para o fato de que a repetição em psicanálise não diz do desenvolvimento de uma continuidade histórica, mas tem a ver com algo de irresolvido, que não passa e se repete. Nesse sentido, liga-se à atemporalidade e à estrangeiridade, nas quais estão os elementos do campo do Outro.

E a percepção no registro da semelhança resulta de uma operação com a descontinuidade, quando diferentes experiências podem estar articuladas pelos suportes simbólicos de sua operação. Lacan, no seminário *A identificação* (1961-1962), interessa-se pela especificidade de apresentação da repetição, como repetição do traço, e, nesse sentido, repetição diferencial. Unário, então, não representa o mesmo, mesmo sendo suporte da identificação. Importa pensar a repetição na obra de Perec a partir disso, porque há uma articulação entre continuidade e descontinuidade, mas a percepção que resulta de uma ou de outra é distinta. O registro da semelhança inclui o reconhecimento de uma diferença, o que implica tomar a temporalidade a partir de intervalos.

Na referência ao traço que se repete, é preciso inscrição para que se produza memória. E a memória pode vir como retorno da percepção, que é por onde passam metonimicamente as imagens. Assim, forma-se uma ilha entre a lembrança e o esquecimento. E a repetição na obra de Perec é o "istmo" que vai ligar essa ilha ao infantil, por aí criando o espaço por onde narrar uma história.

Nossa!! Quase faltam palavras, ou falta o tempo da escolha de palavras que poderão dar conta da intensidade do sentir?

Retomando minha tentativa de escrever meu trabalho, novamente me percebo na beira do abismo, tentando encontrar o fio que pode me suspender.

Me deixo suspensa nas memórias, mais que isso, nos sentidos. Enxurrada de imagens, de dores e alegrias. Lembranças que fazem tecer minha história.

Me dou conta que em mim estão todos. Todos os nomes que me ligam ao mundo, mudo e barulhento.

Como pode este trabalho dizer tanto de mim?

ANGUSTIA

Escrever este trabalho
Jogada constantemente num labirinto
Invadida de angustia
Preciso parar...
Mas, mais, mais
Como terminar?

FOTOGRAFIA

Abro, a foto estava lá
Àqueles rostinhos sorridentes, indicando um mundo por vir,
mortos estão
Certamente vivem, mas morrem presos na foto
Não os verei mais?
Talvez um dia...
Mas, fiel ao tempo – não mais
Infância cresce e àquele sorriso se vai...

6

CONSIDERAÇÕES FINAIS

A fadiga da mão quando desenhamos constitui
uma percepção da passagem do tempo.

(Pablo Picasso)

Dar corpo à pesquisa tomando a relação da obra de Georges Perec com os jogos das crianças, com a infância, o infantil e a utopia possibilitou uma série de conexões com conceitos da psicanálise. E também, na medida em que seus textos jogam com o leitor, no que podemos chamar de "ludicamente sério", apontou para o movimento de sua obra de revelar e esconder o que se está fazendo, como no jogo/brincadeira de esconde-esconde. Assim, circular pela obra de Perec permitiu me deparar com a questão do quanto a criança não se constitui como um depositário passivo de uma estrutura. Ela exerce uma atuação na vida social. A infância, portanto, pode ser tomada como movimento, estruturante justamente porque precisa de três tempos, passado, presente e futuro, na constituição da subjetividade. Atuando sobre os sujeitos, produzindo lugares e práticas sociais que vão formar experiência. Pois a transmissão vem dos filhos, eles produzem o apagamento necessário reforçando o movimento produzido pela castração.

É interessante observar como, em suas produções simbólicas, a criança as submete a uma narrativa, produzindo tempos e espaços, deslocando objetos numa relação com o real, produzindo deslizamentos metafóricos. Produz-se, dessa forma, um jogo, em que a regra é o deslocamento, o "como se fosse". Esse jogo está além da realidade concreta e tangível do mundo cotidiano, está na experimentação das possibilidades da narração. E podemos dizer que a narração, em Perec, tem esse mesmo estatuto.

Ao pensar que a criança, para inscrever sua infância, brinca, propus-me a indagar se o sentido da escrita na poesia, na literatura e na arte, teria essa relação com a inscrição através do brincar — questão que a obra de Perec possibilitou deslocar ao relacionarmos sua escrita com o lugar que a psicanálise trabalha como sendo o lugar infantil. Outra pergunta seria se toda brincadeira tem o estatuto do brincar, e se toda vivência tem estatuto de experiência.

Ao trabalhar sobre a obra de Perec e sua relação com o infantil, podemos lembrar ainda o trabalho de Walter Benjamin, *A hora das crianças: narrativas radiofônicas* (1927-1932/2015), leitura que também traz a questão sobre a transmissão ao contar uma experiência. Teria a nostalgia alguma função para pensar essa questão? E a emoção de lembrar? Benjamin, em uma de suas narrativas, fala sobre o quanto foi feliz sua infância no campo e se pergunta se seria mais feliz a infância vivida em um lugar semelhante. Tal interrogação nos leva a refletir sobre a infância atual, os *games*, os filmes, a violência... Na clínica e no cotidiano, podemos perceber a preocupação dos pais em produzir lembranças felizes para a infância de seu filho, aí temos uma série de propostas vindas do mercado, desde as mais tecnológicas até as mais ecológicas. E as crianças, por sua vez, vão falar do instante, dos recortes, das brechas, dos espaços, das invenções. Por aí a infância segue subvertendo. Dessa subversão resta o infantil — dele se cria e se inventa uma vida. Utopia do infantil.

Resta-nos perguntar: para que servem os adultos? Ao ser questionada sobre como foi sua infância, especificamente em relação aos lugares de refúgio, ao esconderijo criado para escapar do adulto, uma mulher responde: brincando. Brincando conseguia estar consigo mesma. Outro homem respondeu dizendo que foi por meio do desenho. Outro, ainda, disse que foi nas peraltices que aprontava.

Lendo Perec percebemos que é nesse "entre" produzido pela brincadeira, o desenho e as peraltices que algo pode produzir memória. É onde o adulto poderá se situar para pensar sua infância, criada quando esses movimentos de resistência da infância produzem no sujeito a potência de criar um mundo, onde também incluirá seus filhos, as crianças. "Infância como espaço de invenção de uma transgressão protegida"[42]. Ou seja, como diz Esteban Levin: "A criança articulará seu funcionamento cênico quando, ao amar seus pais, renunciar a eles, conservando seu nome próprio, graças ao qual produzirá uma diferença que a distinga de outros, sem se perder na tentativa" (Levin, 2001, p. 65).

E, como escreve Jorge Luis Borges (1969/2009b, p. 54), "Por trás do nome há o que não se nomeia". Isso que não tem nome, relativo à infância, lançará para a criança, agora adulta, o enigma que a levará num adiante e possibilitará que encontre, com outros, formas de viver seu tempo. Perec encontrou na literatura o espaço onde produzir sua resistência e sobreviver ao movimento social de sua época. Faz da literatura um ato de discurso. E Lacan nos diz que o discurso é o social. Sendo assim, a obra de Perec fala do nosso lugar discursivo, deixando-nos desacomodados, inquietos. Com isso, tomamos seus escritos como uma utopia no contrafluxo do futuro, pois, ao lançarem enigmas com seus jogos literários, fazem função de anteparo (parada inesperada, suspensão) de nossas certezas, esburacando a excessiva naturalização com a qual vestimos os acontecimentos. Portanto, utopia:

> [...] suspendendo os falsos destinos que vestimos como forma de anestesiar o que temos de mais precioso, nossa responsabilidade diante da vida e do amanhã. Esperança crítica que para sonhar um a frente, precisa conhecer minimamente alguns princípios do funcionamento da máquina social [...]. A utopia que nos interessa não á aquela que sabemos, mas justamente aquela que ainda não sabemos e que precisamos inventar [...]. Pensar a utopia como um movimento que vai do futuro ao passado, numa correnteza contra a realidade. A utopia adquire aqui sua virtude de crítica social (Sousa, 2015, n.p.)

"Que as coisas continuem como antes, eis a catástrofe" (Benjamin, 2006, p. 515).

---

[42] Comentário de Edson de Sousa durante a discussão deste trabalho.

UTOPIA DO INFANTIL EM GEORGES PEREC E A INFÂNCIA NA PSICANÁLISE

A potência do infantil é seguir produzindo, nas ditas pessoas grandes, as perguntas cortantes e desestabilizantes, podendo inaugurar dispositivos livres de finalidades utilitaristas e condicionantes, restituindo ao sujeito o resíduo de uma linguagem legítima, anterior ao que está formalizado no penso-existo. Traz em suspenso na linguagem passagens, intervalo, o vazio do signo. Assim, a criança produz novas dimensões, invenções, profanando ritos e certezas. E a literatura, podemos pensar, seria aquela que desloca o objeto da repetição, no sentido do condicionamento cultural, e o coloca no jogo, início inabitável de um lugar vazio.

PAI

Um pai sempre, de alguma forma, de algum jeito, de alguma maneira, seja em gestos ou palavras, nos mostra o mundo, apresenta a vida. Anfitrião do mundo, um pai se faz numa tecitura em que os fios ficam estruturalmente soltos, para que o seguir dos fios no tear do ser seja costurado pelo filho, artesão de si.

MADRUGADA

Insone – presa neste breu que me
consome. Verdade – abismo de mim

ALGUM DIA

Restos de palavras saídas das muitas bocas, mas qual o sentido?

Um abandono na própria casa, agarrada no nome próprio – o que diria o sobrenome – podia se apresentar pelo nome tão peculiar...

Quando realmente se nasce?

Descobri que Perec escreve em desordem

Escrevo em desordem....

Minha relação com a matemática: no começo recusa – no amor – encanto

Ausência paterna como se fosse o livro – trabalho em forma de paradoxos

Olho, vejo cada canto
Canto da casa
Canto ouvido
Canto voz que narra – memórias
Dizem de mim e de ti
Cada ponto que faz ligação
Fortalece quem somos juntos
O corpo pulsa
Pulsa história e nos liga
Não quero romper a linha
Um ponto dói, inflama
Chama
Escutamos?

ESCUTAR

Escutar é artesania, é como levar água na peneira – escorrem palavras que produzem sulco e por isso formam dizeres

No entre do entrançamento da peneira, algum caminho.

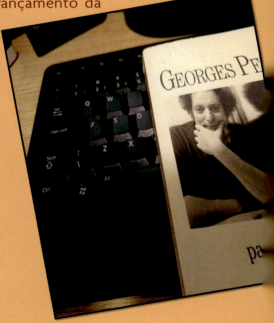

POSFÁCIO

Em seu livro biográfico e ficcional *W, ou a memória de infância*, o escritor francês Georges Perec (1975) escreveu: "Uma vez mais fui como uma criança que brinca de esconde-esconde e não sabe o que mais teme ou deseja: permanecer escondida ou ser descoberta". Sempre gostei dessa frase: primeiro, porque ela me faz retornar a um passado de "ingenuidade" e diversão, às brincadeiras de pega-pega, esconde-esconde e, também, ao início dos jogos de sedução, desejo e falta, presença, criação e ausência; segundo, porque essa pequena frase funciona como um resumo da inventividade e genialidade de Perec: uma criança de 5 anos que perdeu sua mãe em Auschwitz e seu pai no front de guerra, e que cresceu em busca de uma memória ausente-presente do convívio e do carinho dos seus pais. Perec justamente concebeu um mundo e um projeto matemático-literário para resgatar e se reconfortar por ter vivido uma vida de falta dessas figuras tão fundamentais. Mas Perec não revela e nem se expõe de forma fácil e direta – como um excelente escritor deve fazer –, tampouco esconde e se torna hermético e inalcançável. Por isso sua obra merece ser estudada, discutida e "revelada" – e neste ótimo trabalho de Inajara Erthal, somos presenteados com novas descobertas e conexões. Perec agora aparece se escondendo e se revelando em Freud, Lacan, Benjamin; brincando de pega-pega com Derrida, Borges e Barthes, e tentando não escorregar no escorregador infinito de Alice e Lewis Carroll. *Utopia do infantil em Georges Perec e a infância na psicanálise* é um livro que merece ser estudado e saudado.

Jacques Fux
Escritor

REFERÊNCIAS

Agamben, G. (2005). *Infância e história: destruição da experiência e origem da história*. Belo Horizonte: Editora da UFMG. (Trabalho original publicado em 1979).

Allouch, J. (1995). *Letra a letra: transcrever, traduzir, transliterar*. Rio de Janeiro: Campo Matemático. (Trabalho original publicado em 1984).

Ariès, P. (1981). *História social da criança e da família*. Rio de Janeiro: Ltc. (Trabalho original publicado em 1960).

Bachelard, G. (1989). *La poétique de l'espacé*. Paris: Puf. (Trabalho original publicado em 1957).

Barthes, R. (1982). *Crítica e verdade*. São Paulo: Perspectiva.

Barthes, R. (2006). *O prazer do texto*. São Paulo: Perspectiva. (Trabalho original publicado em 1973).

Benjamin. W. (1987). O narrador: considerações sobre a obra de Nikolai Leskov. In *Magia e técnica, arte e política* (Obras escolhidas, v. 1, p. 197-221), São Paulo: Brasiliense. (Trabalho original publicado em 1936).

Benjamin, W. (2006). Teoria do conhecimento, teoria do progresso. In *Passagens*. Belo Horizonte: Editora UFMG; São Paulo: Imprensa Oficial do Estado de São Paulo.

Benjamin. W. (2013) *Rua de mão única. Infância berlinense: 1900*. Belo Horizonte: Autêntica. (Trabalho original publicado em 1929).

Benjamin, W. (2015). *A hora das crianças: narrativas radiofônicas de Walter Benjamin*. Rio de Janeiro: NAU Editora.

Benveniste, É. (1989). *Problemas de linguística geral II*. Campinas: Pontes.

Bergès, J. (1991). A instância da letra na aprendizagem. *Boletim da Associação Psicanalítica de Porto Alegre, 6*, p. 6-10.

Bezerra Jr., B. (2013). *Projeto para uma psicologia científica: Freud e as neurociências.* Rio de Janeiro: Civilização Brasileira.

Birman, J. (1997). Além daquele beijo? Sobre o infantil e o originário em psicanálise. In Santa Roza, E (Org.). *Da análise da infância ao infantil na análise* (p. 7-37). Rio de Janeiro: Contra Capa Livraria.

Bloch, E. (2005). *O princípio esperança.* Rio de Janeiro: Contraponto. (Trabalho original publicado em 1954).

Borges, J. L. (2008). *O fazedor.* São Paulo: Companhia das Letras. (Trabalho original publicado em 1960).

Borges, J. L. (2009a). Uma bússola. In *O outro, o mesmo* (p. 53). São Paulo: Companhia das Letras.

Borges, J. L. (2009b). *O livro de areia.* São Paulo: Companhia das Letras. (Trabalho original publicado em 1975).

Burgelin, C. (2002). *Georges Perec.* Paris: Seuil. (Trabalho original publicado em 1988).

Camargo, R. F. de. (2008). *Perec/Lacan – soletrações do enigma: uma tentativa de articulação entre literatura e psicanálise.* Dissertação de mestrado, Faculdade de Filosofia, Letras e Ciências Humanas, Universidade de São Paulo, São Paulo.

Carroll, L. (1982). *Alice no País das Maravilhas.* São Paulo: Summus.

Costa, A. M. M. da. (2015). *Litorais da psicanálise.* São Paulo: Escuta.

Couto, M. (2011). *Tradutor de chuvas.* Lisboa: Caminho.

Derrida, J. (1995). *A escritura e a diferença* São Paulo: Perspectiva.

Derrida, J. (1991). *A farmácia de Platão.* São Paulo: Iluminuras.

Derrida, J. (2001). *Mal de arquivo: uma impressão freudiana.* Rio de Janeiro: Relume Dumará.

Derrida, J. (2003). *Anne Dufourmantelle convida Jacques Derrida a falar da hospitalidade.* São Paulo: Escuta.

Duchamp, M. (1975). O ato criador. In Battock, G. *A nova arte* (pp. 71-74). São Paulo: Perspectiva. (Trabalho original publicado em 1965).

Eco, U. (2002). *A busca da linguagem perfeita.* Bauru: Edusc.

Erber, P. R. (2003). *Política e verdade no pensamento de Martin Heidegger.* São Paulo: Loyola.

Exposição em Recife: As meninas do quarto 28. (2017). *Pletz.* Recuperado em 30 de março de 2018 de http://www.pletz.com/blog/exposicao-em-recife-as-meninas-do-quarto-28/.

Freud, S. (1970a). Além do princípio do prazer. In *Edição Standard Brasileira das Obras Psicológicas Completas de Sigmund Freud*, v. 18. Rio de Janeiro: Imago. (Trabalho original publicado em 1920).

Freud, S. (1970b). O ego e o id. In *Edição Standard Brasileira das Obras Psicológicas Completas de Sigmund Freud*, v. 19. Rio de Janeiro: Imago. (Trabalho original publicado em 1923).

Freud, S. (1970c). Escritores criativos e devaneios. In *Edição Standard Brasileira das Obras Completas de Sigmund Freud*, v. 9. Rio de Janeiro: Imago. (Trabalho original publicado em 1908).

Freud, S. (1970d). Formulações sobre os dois princípios do funcionamento mental. In *Edição Standard Brasileira das Obras Completas de Sigmund Freud*, v. 11. Rio de Janeiro: Imago. (Trabalho original publicado em 1911).

Freud, S. (1970e). Lembranças encobridoras. In *Edição Standard Brasileira das Obras Completas de Sigmund* Freud, v. 3. Rio de Janeiro: Imago. (Trabalho original publicado em 1899).

Freud, Sigmund (1977). Análise de uma fobia em um menino de cinco anos. In *Edição Standard Brasileira das Obras Psicológicas Completas de Sigmund Freud*, v. 10. Rio de Janeiro: Imago. (Trabalho original publicado em 1909).

Freud, S. (1996), Notas sobre um caso de neurose obsessiva. In *Edição Standard Brasileira das Obras Psicológicas Completas de Sigmund Freud*, v. 10. Rio de Janeiro: Imago. (Trabalho original publicado em 1909).

Freud, S. (2015a). Uma lembrança de infância de Leonardo da Vinci. In *Arte, literatura e os artistas* (pp. 69-165). Belo Horizonte: Autêntica Editora. (Trabalho original publicado em 1910).

Freud, S. (2015b). O poeta e o fantasiar. In *Arte, literatura e os artistas* (pp. 53-64). Belo Horizonte: Autêntica Editora. (Trabalho original publicado em 1908).

Fux, J. (2011). O ludicamente sério e o seriamente lúdico de Georges Perec. *Revista Criação e Crítica, 6,* 28-43. Recuperado em 20 de outubro de 2016 de http://www.revistas.usp.br/criacaoecritica/article/view/46819.

Fux, J. (2016). *Literatura e matemática: Jorge Luis Borges, Georges Perec e o Oulipo.* São Paulo: Perspectiva.

Fux, J., Fedatto, C. P., Oliveira, H. M. de. (2012). Enunciação, psicanálise e os jogos literários de Georges Perec. *Revista Outra Travessia, 13,* 95-118. Recuperado em 20 de outubro de 2016 de http://periodicos.ufsc.br/index.php/outra/issue/archive.

Fux, J., Santos, D. (2013). Linguagem, metatestemunho e Shoah em Georges Perec. *Revista da ANPOLL, 1,* 193-207.

Gagnebin, J. M. (1999). *História e narração em Walter Benjamin.* São Paulo: Perspectiva.

Guinard, F. (1997). *O infantil vivo: reflexões sobre a situação analítica.* Rio de Janeiro: Imago.

Golse, B. (2003). *Sobre a psicoterapia pais-bebê: narratividade, filiação e transmissão.* São Paulo: Casa do Psicólogo.

Heidegger, M. (1998). *Caminhos de floresta.* Lisboa: Fundação Calouste Gulbenkian. (Trabalho original publicado em 1950).

Jacoby, R. (2007). *Imagem imperfeita: pensamento utópico para uma época antiutópica.* Rio de Janeiro: Civilização Brasileira. (Trabalho original publicado em 2005)

Jerusalinsky, A. (1996). *Psicanálise e desenvolvimento infantil: um enfoque transdisciplinar*. Porto Alegre: Artes e Ofícios.

Jerusalinsky, J. (2011). *A criação da criança: brincar, gozo e fala entre a mãe e o bebê*. Salvador: Ágalma.

Jorge, M. A. C. (2010). *Fundamentos da psicanálise de Freud a Lacan, v. 2: a clínica da fantasia*. Rio de Janeiro: Jorge Zahar Editor.

Kallas, M. B. L. de M. (2010). *Psicanálise e contemporaneidade*. São Paulo: Biblioteca 24 horas.

Lacan, J. (1985). *O seminário, livro 20: Mais, ainda*. Rio de Janeiro: Jorge Zahar Editor. (Trabalho original publicado em 1972-1973).

Lacan, J. (1992). *O seminário, livro 17: O avesso da psicanálise*. Rio de Janeiro: Jorge Zahar Editor. (Trabalho original publicado em 1969-1970).

Lacan, J. (1997). *O seminário, livro 7: A ética da psicanálise*. Rio de Janeiro: Jorge Zahar Editor. (Trabalho original publicado em 1959-1960).

Lacan, J. (1998a). Função e campo da fala e da linguagem. In *Escritos* (pp. 238-324). Rio de Janeiro: Jorge Zahar Editor. (Trabalho original publicado em 1953).

Lacan, J. (1998b). A instância da letra ou a razão desde Freud. In *Escritos* (pp. 496-533). Rio de Janeiro: Jorge Zahar Editor. (Trabalho original publicado em 1957).

Lacan, J. (1998c). Subversão do sujeito e dialética do desejo no inconsciente freudiano. In *Escritos* (pp. 807-842). Rio de Janeiro: Jorge Zahar Editor. (Trabalho original publicado em 1960).

Lacan, J. (2003). Lituraterra. In *Outros escritos* (pp. 15-25). Rio de Janeiro: Jorge Zahar Editor. (Trabalho original publicado em 1971).

Lacan, J. (2005). *O seminário, livro 10: A angústia*. Rio de Janeiro: Jorge Zahar Editor. (Trabalho original publicado em 1962-1963).

Lacan, J. (2007). *O seminário. livro 23. O sinthoma*. Rio de Janeiro: Jorge Zahar Editor. (Trabalho original publicado em 1975-1976)..

Lacan, J. (2008). *O seminário, livro 11: Os quatro conceitos fundamentais da psicanálise.* Rio de Janeiro: Jorge Zahar Editor. (Trabalho original publicado em 1964).

Lajonquière, L. de. (2006). A psicanálise e o debate sobre o desaparecimento da infância. *Educação & Realidade, 31,* 89-106.

Lebrave, J.-L. (1990). La critique genétique: une discipline nouvelle ou un avatar moderne de la Philologie? In Pino, C. (Org.). *A ficção da escrita.* Cotia: Ateliê Editorial.

Lejeune, P. (1991). *La mémoire de l'oblique. Georges Perec autobiografe.* Paris: P. O. L.

Levin, E. (2001). *A função do filho: espelhos e labirintos da infância.* Petrópolis: Vozes.

Lévy, R. (2008). *O infantil na psicanálise: o que entendemos por sintoma na criança.* Petrópolis: Vozes.

Meira, A. M. (2003). Benjamin, os brinquedos e a infância contemporânea. *Psicologia e sociedade, 15*(2), 74-87.

Meira, A. M. (2004). *A cultura do brincar: a infância contemporânea, o brincar e a cultura no espaço da cidade.* Dissertação de Mestrado, Programa de Pós-Graduação em Psicologia Social e Institucional, Universidade Federal do Rio Grande do Sul.

Mouawad, W. (2013). *Incêndios.* Rio de Janeiro: Cobogó.

Perec, G. (1969). *La disparition.* Paris: Denoel.

Perec, G. (1990). *Je suis né.* Paris: Seuil.

Perec, G. (1992). Pouvoir et limites du romaneier français contemporain. In Colet, H. (Org.). *Idées sur le roman.* Paris: Larousse.

Perec, G. (1995). *W ou a memória da infância.* São Paulo: Companhia das Letras. (Trabalho original publicado em 1975)

Perec, G. (1997). *Jeux intéressants.* Paris: Zulma.

Perec, G. (2000). *Espèces d'espaces*. Paris: Galilée. (Trabalho original publicado em 1974).

Perec, G. (2001). *Especies de espacios*. Barcelona: Montesinos. (Trabalho original publicado em 1974)

Perec, G. (2005). *A coleção particular, seguido de A viagem de inverno*. São Paulo: Cosac Naify. (Trabalho original publicado em 1993).

Perec, G. (2008). *Lo infraordinario*. Madid: Impedimenta. (Trabalho original publicado em 1989).

Perec, G. (2009). *A vida modo de usar*. São Paulo: Companhia das Letras. (Trabalho original publicado em 1978).

Perec, G. (2012). *As coisas: uma história dos anos sessenta*. São Paulo: Companhia das Letras. (Trabalho original publicado em 1965).

Perec, G. (2016a). *O sumiço*. Belo Horizonte: Autêntica Editora. (Trabalho original publicado em 1969)..

Perec, G. (2016b). *Tentativa de esgotamento de um local parisiense*. São Paulo: Gustavo Gili. (Trabalho original publicado em 1982).

Pereira, L. S. (2011). Seminário *A ficção na psicanálise: Freud, Lacan e os escritores*. *Correio APPOA, 202*, 6-7.

Pereira, V. C. (2013). *A contrainte como jogo retórico na poética do OULIPO*. In Matraga, *20*(33), 174-193. Recuperado em 22 de março de 2018 de http://www.pgletras.uerj.br/matraga/matraga33/arqs/matraga33a08.pdf.

Pino, C. A. (2004). *A ficção da escrita*. Cotia: Ateliê Editorial.

Pommier, G. (1996). *Nascimento y renascimento de la escritura*. Buenos Aires: Nueva Visión.

Pommier, G. (1999). O conceito psicanalítico de infância. In *Trata-se uma criança/I Congresso internacional de psicanálise e suas conexões*. Rio de Janeiro: Companhia de Freud.

Postman, N. (2005). *Desaparecimento da infância*. Rio de Janeiro: Graphia. (Trabalho original publicado em 1982).

O problema do cavalo. (2017). *Wikipedia – Enciclopédia livre*. Recuperado em 30 de março de 208 de https://pt.wikipedia.org/wiki/Problema_do_cavalo.

Proust, M. (1976). *O tempo redescoberto*. Porto Alegre: Globo. (Trabalho original publicado em 1927).

O que é a *contrainte*? (2010). *Ovonovo*. Recuperado em 12 de dezembro de 2016 de https://ovonovo.wordpress.com/2010/02/09.

Rilke, R. M. (2011). Cartas a um jovem poeta: Kappus e outras cartas. In *A melodia das coisas: contos, ensaios, cartas*. São Paulo: Estação Liberdade.

Rivera, T. (2009). *Hélio Oiticica: a criação e o comum*. In *Viso: Cadernos de estética aplicada, 3*(7), 13-26. Recuperado em 17 de novembro de 2016 de http://revistaviso.com.br/pdf/viso_7_taniarivera.pdf.

Rhoden, C. (2014). *Tarja branca: a revolução que faltava* [Filme-vídeo]. São Paulo: Maria Farinha Filmes.

Rodulfo, R. (2008). Encontros: sonata para psicanálise a várias vozes. *Revista da Associação Psicanalítica de Porto Alegre, 35*, 110-125.

Rosenfield, K. (2012). Um escritor mais inteligente que o necessário. *Blog do IMS*. Recuperado em 16 de outubro de 2016 de https://blogdoims.com.br/um-escritor-mais-inteligente-que-o-necessario-por-kathrin-rosenfield/.

Rosset, C. (1988). *O real e seu duplo: ensaio sobre a ilusão*. Porto Alegre: L&PM.

Seligmann-Silva, M. (2003). *História, memória, literatura: o testemunho na era das catástrofes*. Campinas: Unicamp.

Seligmann-Silva, M. (2005). *O local da diferença: ensaios sobre memória, arte, literatura e tradução*. São Paulo: Editora 34.

Sousa, E. L. A. de. (1990). A imagem imperfeita. *Revista da Associação Psicanalítica de Porto Alegre, 1*, 11-22.

Sousa, E. L. A. de. (1998). O inconsciente entre o escrito e o escritor. *Revista da Associação Psicanalítica de Porto Alegre, 15,* 28-35.

Sousa, E. L. A. de. (2007). *Uma invenção da utopia.* São Paulo: Lumme.

Sousa, E. L. A. de. (2009a). A potência iconoclasta do objeto *a*: psicanálise e utopia. *Revista da Associação Psicanalítica de Porto Alegre, 36,* 93-101.

Sousa, E. L. A. de. (2009b). Utopia e objeto a. *Revista Polêmico, 8*(3).

Sousa, E. L. A. de. (2010). Vida privada e objeto *a* – Ato: Lacan e Tolstói. *Revista da Associação Psicanalítica de Porto Alegre, 39,* 39-48.

Sousa, E. L. A. de. (2015a). Faróis e enigmas: arte e psicanálise à luz de Sigmund Freud. In Freud, S. *Arte, literatura e os artistas* (pp. 317-331). Belo Horizonte: Autêntica Editora.

Sousa, E. L. A. de. (2015b). I margens utópicas: contrafluxos do futuro. *Correio APPOA,* 246. Recuperado em 22 de março de 2018 de http://www.appoa.com.br/correio/edicao/246/i_margens_utopicas_contrafluxos_do_futuro/221.

Sousa, E. L. A. de. (2015c). I margens utópicas: contrafluxo do futuro. In *Revista Mesa,* 4. Recuperado em 22 de março de 2018 de http://instituto-mesa.org/RevistaMesa_4/think-piece/.

Tellier, H. le. (2006). *Esthetique de l'Oulipo.* Paris: Le Cas